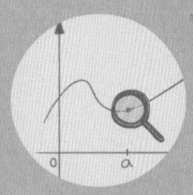

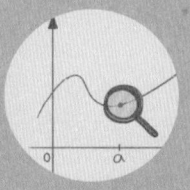

닮고 싶은 창의융합 인재 ⑨ 뉴턴

닮고 싶은 창의융합 인재
⑨ 뉴턴

1판 1쇄 인쇄 2017년 3월 10일
1판 1쇄 발행 2017년 3월 20일

김형진 글 | 민재회 그림 | 손영운 기획 | 와이즈만 영재교육연구소 감수

발행처   와이즈만 BOOKs
발행인   임국진
편집인   염만숙
출판문화사업본부장   홍장희
편집   이선아 오성임 서은영 김우람
디자인   박영미
제작   김한석
마케팅   김혜원 전소민 유병준

출판등록   1998년 7월 23일 제1998-000170
사용 연령   8세 이상
제조국   대한민국
주소   서울특별시 서초구 남부순환로 2219 방배나노빌딩 3층
전화   마케팅 02-2033-8987   편집 02-2033-8928
팩스   02-3474-1411
전자우편   books@askwhy.co.kr
홈페이지   books.askwhy.co.kr

저작권자ⓒ2017 김형진 민재회 손영운
이 책의 저작권은 김형진 민재회 손영운에게 있습니다.
저자와 출판사의 허락 없이 내용의 일부를 인용하거나 발췌하는 것을 금합니다.

이 도서의 국립중앙도서관 출판시도서목록(CIP)은 서지정보유통지원시스템 홈페이지
(http://seoji.nl.go.kr)와 국가자료공동목록시스템(http://www.nl.go.kr/kolisnet)에서
이용하실 수 있습니다. (CIP제어번호 : CIP2016021704)

* 와이즈만BOOKs는 (주)창의와탐구의 출판 브랜드입니다.

닮고 싶은 창의융합 인재
⑨ 뉴턴

글 김형진 | 그림 민재회 | 기획 손영운
감수 와이즈만 영재교육연구소

와이즈만 BOOKs

추천의 말

미래의 창의융합 인재들에게 이 책을 추천합니다!

여러분들은 10년 후, 20년 후에 어떤 세상에서 살게 될까요?
사실 어른들도 정확한 답을 알지 못한답니다. 하지만 창의융합 능력을 가진 인재는 미래가 어떻게 변하더라도 이를 슬기롭게 헤쳐 나가는 것은 물론, 오히려 앞장서서 변화를 만들어 나갈 수 있습니다.

창의융합 능력은 다양한 지식과 정보, 경험을 두루두루 활용하여 창의적으로 문제를 해결해 내는 능력입니다. 이런 능력을 키우는 창의융합 인재 교육을 충실히 받고, 스스로 문제 해결을 하는 경험을 쌓아 간다면 어른이 되어서 만나게 될 더 크고 복잡한 문제도 훌륭하게 해결하게 될 것입니다.

여러분이 창의융합 인재로 성장하는 데 꼭 읽어 보라고 추천하고 싶은 책이 있습니다. 바로 와이즈만북스에서 펴낸 〈닮고 싶은 창의융합 인재〉 시리즈입니다. 이 책은 어떤 사람이 내가 본받을 만한 창의융합 인재인지, 어떻게 하면 창의융합 인재가 될 수 있는지 차분히 생각해 볼 수 있도록 주인공의 일생을 한 권에 담아 매우 자세하고 흥미진진하게 이야기를 들려주고 있습니다.

창의성과 융합 능력의 원동력은 호기심이라 할 수 있습니다. 여러분들은 다방면에 호기심을 갖고 다양하게 융합해 보는 시도를 두려워하지 마세요. 또한 앞선 시대에서 호기심과 창의성, 융합 능력을 실천하고 성과를 보여 준 위인들의 삶을 보면서 여러분의 꿈을 키워 보세요. 그리고 여러분이 가진 상상력을 마음껏 표현하고 펼쳐 보이세요. 왜냐하면 여러분이 바로 미래의 창의융합 인재니까요.

한국과학교육단체총연합회 회장 최돈희

감수의 말

이 책이 여러분의 멘토가 되어 드립니다!

최근 우리나라 교육의 화두는 '창의융합 인재'입니다. 하지만 그 의미가 다소 추상적이어서 과연 누가 창의융합 인재이고, 그 능력을 갖추려면 어떤 노력을 해야 할지 모호한 게 사실입니다. 이것에 대한 방향을 명쾌하고 구체적으로 제시해 주는 책이 바로 〈닮고 싶은 창의융합 인재〉 시리즈입니다.

여러분이 창의융합 인재가 되기 위해서는 먼저 창의융합 인재로 우뚝 선 사람들의 삶과 태도를 면밀히 살펴보는 것이 중요합니다. 그런 다음 자신의 강점과 호기심을 발견하고 인재들의 삶에서 본받을 점을 적용하는 것입니다. 〈닮고 싶은 창의융합 인재〉 시리즈는 어린이들의 멘토가 되어 꿈과 가치관 그리고 생활 습관을 스스로 정하고 실천할 수 있도록 돕는 책입니다.

이 시리즈는 인물의 일생을 연대순으로만 나열하는 기존의 위인전과는 다르게, 창의융합적 특성과 핵심 키워드에 따라 주제별로 인물의 일대기를 재구성했습니다. 익숙한 위인을 새로운 시각으로 바라보고, 생각의 자취를 따라 그들의 머릿속으로 들어가 볼 수도 있고, 위대한 업적이 하루아침에 된 게 아니라는 것을 깨달을 수 있습니다. 아울러 한국사·세계사와 함께 보는 연표, 화보로 보는 창의융합 인재 특성, 재미있는 연관 정보, 당대의 주변 사람들의 인물평과 현대에 이어진 영향 등을 다룬 에필로그까지, 읽을거리가 풍성해 역사와 사회를 이해하는 것은 물론 자기계발의 촉진제가 되기에 충분합니다.

이 책을 읽고 많은 친구들이 창의융합 인재들의 삶 속에서 닮고 싶은 점들을 찾아 '내 것'으로 만들기를 바랍니다.

이미경

와이즈만 영재교육연구소 소장

추천의 말

미래가 원하는 진짜 실력자는 '창의융합 인재'입니다!

오른쪽 사진은 2010년, 스티브 잡스가 아이패드를 세상에 처음 소개하는 장면입니다. 그런데 대형 스크린을 채운 이정표에 새겨진 'Technology(기술)'와 'Liberal Arts(인문학)'이라는 글이 눈에 띕니다. 잡스는 아이패드라는 첨단 전자 제품을 소개하는 자리에서 왜 '인문학'이라는 용어를 사용했을까요? 그가 나중에 했던 말을 살펴보면 그 이유를 알 수 있습니다.

"인문학과 결합한 기술, 인간애가 반영된 기술이어야 가슴을 울리는 결과를 만들어 낸다."

오늘날 우리는 잡스가 만든 아이패드와 아이폰으로 철학 강의를 듣고, 소설책을 보고, 클래식 음악을 감상하고, 영화를 봅니다. 그리고 가상 세계에서 친구를 만나 우정을 나누고 연인과 사랑의 약속을 합니다. 잡스의 말대로 아이패드와 아이폰이라는 기술은 온갖 인문학을 담아냈고, 덕분에 우리는 현실과 상상이 마음껏 어울리는 가상 세계를 갖게 되었습니다.

잡스처럼 두 분야 이상을 접목시켜 새로운 것을 창조하는 것을 '창의융합'이라고 합니다. 잡스는 가장 성공적으로 '창의융합'을 하여 사람들에게는 새로운 미래를 보여 주었고, 자신은 큰 명예와 부를 얻었습니다.

앞으로 잡스처럼 '창의융합 정신'이 충만한 사람, 즉 '창의융합 인재'들이 인류의 현재와 미래를 이끌어 나갈 게 분명합니다. 그래서 많은 나라에서 교육의 목표를 창의융합 인재의 양성으로 잡고 있고, 우리나라도 그렇게 나아가고 있습니다.

정부는 '모든 학생들이 인문·사회·과학 기술에 대한 기초 소양을 함양하여 인문학적 상상력과 과학 기술 창조력을 갖춘 창의융합형 인재로 성장할 수 있도록 우리 교육의 근본적인 패러다임을 전환하고자' 개정 교육 과정을 발표했습니다. 그러면서 '창의융합형 인재'를 '인문학적 상상력', '과학 기술 창조력'을 갖추고 '바른 인성'을 겸비하여 '새로운 지식을 창조'하고 '다양한 지식을 융합'하여 '새로운 가치를 창출'할 수 있는 사람으로 정의했습니다.

정부에서 교육의 목표로 제시한 '창의융합형 인재'란 어떤 사람일까요? 이를 어린이들이 이해하기 쉽게 알려 주는 책이 바로 〈닮고 싶은 창의융합 인재〉 시리즈입니다.

〈닮고 싶은 창의융합 인재〉 시리즈는 레오나르도 다빈치, 벤저민 프랭클린, 셰익스피어, 세종대왕, 토머스 제퍼슨, 정약용, 미켈란젤로, 괴테, 뉴턴, 아인슈타인 등 인류 역사에서 가장 창의 융합적인 인물로 인정받은 10명의 인물의 삶을 보여 줍니다. 이들이 어떤 생각을 하고, 어떤 꿈을 가지고, 어떤 행동을 하며 살았기에 세상 사람들이 이들을 창의융합 인재로 평가했을까요? 이 시리즈에 그 답이 있습니다.

어린이들이 살아갈 세상은 현재가 아니라 미래입니다. 미래는 지식 창조의 시대로 자신만의 창의적이고 융합적인 콘텐츠를 가지고 있어야 힘을 가지고 앞서 나아갈 수 있습니다. 실제로 지금도 구글이나 페이스북과 같은 세계적인 기업에서는 학교 성적보다는 자신만의 콘텐츠를 가진 사람을 높이 평가합니다.

미래가 원하는 진짜 실력을 갖춘 창의융합 인재가 되기를 바란다면 이 책이 바로 그 시작입니다.

손영운

작가의 말

뉴턴 바로 알기

역사적으로 가장 중요한 과학 사건을 한 가지만 꼽는다면 과학 혁명을 들 수 있습니다. 코페르니쿠스로부터 시작된 새로운 우주관에 대한 논쟁에 뉴턴이 마침표를 찍으면서 과학 혁명을 완성했지요.

뉴턴은 지구를 비롯하여 우주 어디에서나 동일하게 적용되는 운동 법칙을 발견했습니다. 우리가 실수로 놓친 연필이 땅으로 떨어지는 운동과 태양 주위를 도는 행성들의 운동을 같은 법칙으로 설명할 수 있게 된 것이지요. 이것은 당시에 과학계뿐만 아니라 사회 전반에 혁명적인 변화를 가져왔습니다. 이러한 이유로 사람들은 뉴턴을 역사상 가장 위대한 과학자로 높이 평가하지요. 또한 뉴턴은 빛의 성질을 연구하여 광학에서도 커다란 업적을 남겼습니다. 그리고 미적분법이라는 새로운 수학 분야를 만들어 내기도 했습니다. 그뿐만 아니라 오랫동안 연금술을 연구하면서 물질의 본질과 궁극적인 진리를 찾으려 애쓰기도 했습니다.

뉴턴은 과학 외의 분야에서도 남다른 능력을 발휘했습니다. 국회에서 하원 의원을 지냈고, 영국 정부의 조폐국장으로 일하면서 당시 큰 골칫거리였던 위조 화폐 문제를 해결했습니다. 또한 영국 왕립 학회의 학회장을 역임하여 영국 과학이 세계 최고의 과학으로 발전하도록 탁월한 지도력을 발휘했습니다. 뉴턴은 이러한 공로를 인정받아 과학자 중에서 최초로 영국 왕실로부터 기사 작위를 받았습니다.

뉴턴은 뛰어난 몇 사람이 평생을 노력해서 이룬 일을 혼자서 다 해냈다고 생각할 수 있습니다. 그래서 사람들은 뉴턴이 머리가 아주 좋아서, 또 집이 부자여서 아무런 걱정 없이 공부만 할 수 있어서, 운이 아주 좋아서 그런 일을 했다고 말하며 우리는 도저히 따라갈 수 없는 뛰어난 인물로 여깁니다. 하지만 그건 사실과 먼 이야기입니다. 뉴턴의 삶을 조금만 더 들여다보면 우리와 크게 차이가 없다는 것을 알 수 있습니다.

어린 시절의 뉴턴은 그리 행복하지 않았습니다. 아버지를 일찍 여의고 어머니와도 오랫동안 떨어져 있어야 했거든요. 뉴턴은 외로움을 많이 느꼈고 상처 받지 않기 위해 마음의 문을 꼭꼭 닫고 지냈습니다. 어머니가 대학 진학을 반대했기 때문에 근로 학생으로 지내면서 끼니 걱정을 하며 대학 생활을 하기도 했습니다. 과학자로서 연구 결과를 발표했을 때 수많은 사람들의 비아냥거림과 반대를 겪었습니다. 그 외 우리가 모르는 역경도 많이 겪었습니다. 뉴턴은 이런 고난을 모두 이겨냈으므로 과학사에 우뚝 선 거인이 될 수 있었습니다. 뉴턴이 이런 인물이 될 수 있었던 가장 큰 이유는 엄청난 양의 독서와 상상력이었습니다. 독서와 학습을 통해 쌓은 지식과 잘 훈련된 상상력은 창의성의 재료가 되었습니다. 무엇보다 뉴턴은 자신이 해야 할 일을 언제나 잘 알고 있었고, 그것을 이루기 위해 집중하여 노력하는 성격을 가지고 있었답니다.

이제 과학사에 우뚝 선 거인 과학자 뉴턴에 대해 더 알아보도록 합시다. 책장을 한 장만 넘기면 뉴턴의 본모습에 한 걸음 더 다가설 수 있을 거예요.

김형진

차례

한국사·세계사와 함께 보는 뉴턴의 일생 … 12
뉴턴이 들려주는 창의융합 인재상 … 14

1 인문학적 상상력
읽고 기록하고 상상하다

조용하고 외로운 아이 … 20
상상력을 발휘하다 … 24
꼴찌에서 일등으로 … 34
반항과 갈등을 넘어 … 40

2 과학 기술 창조력
우주가 움직이는 원리를 발견하다

드디어 케임브리지로 … 50
새로운 생각을 접하다 … 58
전염병을 피해 고향으로 가다 … 63
만유인력의 발견 … 66
운동의 법칙 … 78

3 다양한 지식 융합
가장 큰 것부터 가장 작은 것까지

《프린키피아》, 드디어 세상 속으로 … 88
또 다른 수식어, 위대한 수학자 … 100
세계 최고의 연금술사 … 109

4 광학이라는 새로운 지식 창조
빛의 정체를 밝히다

광학으로 눈을 돌리다 … 120
프리즘으로 빛의 본질을 파악하다 … 128
반사 망원경을 발명하다 … 135
〈광학〉으로 빛의 정체를 밝히다 … 146

5 바른 인성
거인의 어깨 위에 올라서다

반대에도 불구하고 … 154
위조 화폐를 가려내다 … 162
범죄 수사관이 되다 … 170
왕립학회를 일으키다 … 175
자상한 거인, 잠들다 … 177

뉴턴 뒷이야기

뉴턴의 이론이 과학에 미친 영향 … 184
뉴턴을 말하다 … 186

한국사·세계사와 함께 보는 뉴턴의 일생

1642년 갈릴레오 갈릴레이가 죽던해에 영국 링컨셔 울스소프에서 태어나다.
1646년 어머니가 재혼하며 집을 떠나다.
1649년 집 근처의 학교에 입학하다.
1653년 양아버지의 죽음으로 어머니가 집에 돌아오다.

1661년 케임브리지 대학교 트리니티 칼리지에 입학하다.
1663년 아이작 배로 교수의 강의를 들으며 수학의 기초를 닦다.
1664년 프리즘을 구입하여 빛의 굴절을 관찰하다.

학문의 기초를 닦음
어린 시절

본격적인 연구 시작
트리니티 칼리지 학생 시절

1655년 그랜섬에 있는 에드워드 6세 공립 그래머 학교로 진학하다.
1658년 가업을 잇기 위해 학업을 중단하고 집으로 돌아오다.
1660년 킹스 스쿨 교장 선생님의 도움으로 대학 진학을 준비하다.

1665년 8월에 학사 졸업. 페스트 때문에 고향으로 돌아와 연구에 매진하다.
1666년 기적의 해. 역학, 광학, 수학에서 역사적으로 중요한 연구를 진행하다.
1667년 대학교로 돌아와 연구원이 되다. 광학 연구를 계속하다.
1668년 제대로 작동하는 반사 망원경을 최초로 만들다.

한국에서는   1610년 허준이 《동의보감》을 편찬하다.   1631년 정두원이 서양 서적과 기구를 처음으로 소개하다.

세계에서는   1642년 영국 내란(~1649년)이 일어나다.   1660년 영국 찰스 2세의 왕정복고가 시작되다.   1665년 유럽에 페스트가 발생하다.

1669년 아이작 배로 교수의 뒤를 이어 제2대 수학과 석좌 교수가 되다. 광학 강의를 하다.
1671년 두 번째 반사 망원경을 제작하다.
1672년 빛의 구성에 대한 논문을 왕립학회에 제출. 왕립학회 회원이 되다.
1674년 프랑스의 프란시스 홀이 1672년 논문에 대해 비판하다.

1689년 케임브리지의 하원의원으로 선출되다.
1692년 건강상의 이유로 2년간 휴직하다.
1696년 런던으로 이사. 조폐국 감사가 되다.

1703년 왕립학회 회장으로 선출되다(이후 24년간 재직).
1704년 〈광학〉 출간하다.
1705년 기사 작위를 받다.
1712년 〈프린키피아〉 1판을 보완하여 2판을 출간하다.
1717년 〈광학〉 1판을 수정·추가하여 2판을 선보이다.

연구의 꽃을 피움
트리니티 칼리지 교수 시절

의회와 조폐국에서 일함
관료 시기

연구를 집대성함
왕립 학회장 시기

1676년 왕립학회에서 뉴턴의 결정적 실험을 재현하다.
1679년 어머니 사망. 케임브리지에서 은둔 생활을 시작하다.
1684년 에드먼드 핼리가 방문하여 역제곱 법칙에 대해 묻다.
1687년 〈프린키피아〉 출간하다.

1699년 왕립학회 위원으로 선출되다. 조폐국 국장으로 임명되어 화폐 개주를 완료하다.
1701년 케임브리지 대학교 교수직을 사임하다.

1725년 건강 악화로 런던 근교의 켄싱턴으로 이사하다.
1726년 〈프린키피아〉 3판 출간하다.
1727년 3월 20일 켄싱턴 집에서 사망하다. 웨스트민스터 사원에 안장되다.

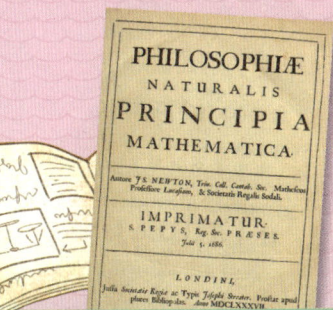

1678년 숙종이 상평통보를 주조하다.   1697년 김석문이 〈역학도해〉에서 지동설에 근거한 우주론을 최초로 소개하다.   1725년 영조가 탕평책을 실시하다.

1688년 영국에서 시민혁명인 명예혁명이 일어나다.   1702년 영국과 프랑스가 주축이 된 7년 전쟁(~1713년)이 일어나다.

뉴턴이 들려주는 창의융합 인재상

뉴턴은 만유인력과 물체의 운동 법칙을 밝혀냈으며, 빛에 대한 연구로도 널리 이름을 알린 과학자예요. 또 최초로 미분법을 개발해 수학 분야에서도 위대한 업적을 남겼어요. 그래서 뉴턴은 세계 3대 수학자로 손꼽히기도 해요. 게다가 뉴턴은 학자로 머물지 않고 케임브리지를 대표하는 하원의원을 지내기도 했고, 조폐국의 국장으로 행정가로서도 훌륭한 소질을 보였답니다. 뉴턴이 이렇게 다양한 분야에서 훌륭한 업적을 쌓을 수 있었던 이유는 무엇일까요?

기록 습관이 키운 인문학적 상상력

나는 조용하고 늘 생각에 잠겨 있는 아이였어요. 밖에서 또래 아이들과 어울리기보다는 여러 가지 물건을 만들거나 책을 읽는 것을 좋아했지요. 영국 케임브리지 대학교에서는 플라톤과 아리스토텔레스의 철학, 대화술, 논리학, 윤리학, 역사학 같은 고전들을 배웠답니다. 나는 항상 노트를 가지고 다니며 떠오르는 생각이나 책에서 본 내용을 기록했는데, 후대 사람들은 이 노트를 '생각의 샘'이라고 부르지요. 방대한 독서와 기록 습관은 내 연구를 더욱 풍성하고 논리적으로 만들어 주었어요.

책임감과 성실함

사실 나는 사람들과 어울리기보다는 혼자 있는 것을 즐겼고, 학문적 견해가 다른 사람과는 많은 갈등을 빚기도 했어요. 하지만 나는 내가 맡은 모든 일에 책임감을 가지고 성실하게 노력했다는 점은 자신 있게 이야기할 수 있어요. 이러한 책임감과 성실함이 있었기 때문에 어려운 연구도 끝까지 해낼 수 있었답니다.

새로운 지식 창조를 위한 도전

내가 살던 시대는 빛의 정체가 완전히 밝혀지기 전이었어요. 나는 선배 과학자들이 쓴 빛에 대한 책을 읽고 직접 확인해 보고 싶은 마음이 들었지요. 끊임없는 호기심으로 오랜 시간 연구를 거듭한 결과 빛의 정체를 밝히는 데 성공했어요. 내가 〈광학〉이라는 책에서 발표한 이론은 지금도 대부분 인정받고 있답니다. 기존의 연구 결과에 만족하지 않고 직접 확인하고 도전한 결과 새로운 지식을 창조할 수 있었어요.

다양한 지식의 융합

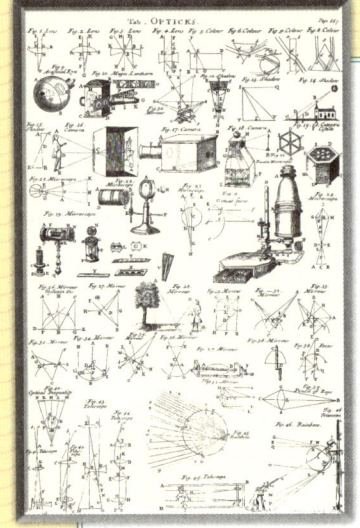

나는 수학을 대부분 독학으로 공부했어요. 처음에는 천문학을 이해하기 위해 수학 공부를 시작했지만, 곧 수학 분야에서도 성과를 낼 수 있었지요. 수학은 눈에 보이지 않는 작은 입자들과 거대한 별들의 움직임을 하나의 이론으로 설명하는 데 큰 도움이 되었어요. 또 연금술을 통해서 자연에 존재하는 모든 힘의 근원을 이해하고자 노력했어요. 이처럼 다양한 지식을 융합한 결과 〈프린키피아〉와 〈광학〉 같은 역작을 남길 수 있었답니다.

실험 정신을 바탕으로 한 과학 기술 창조력

나는 케임브리지 대학교에서 공부하면서 코페르니쿠스, 케플러, 갈릴레이와 같은 자연 철학자들의 이론에 관심을 갖게 되었어요. 이들의 이론은 당시에 진리로 받아들여졌던 아리스토텔레스의 자연관과는 완전히 다른 것이었지요. 나는 책에 있는 내용을 하나하나 실험으로 직접 확인해 보았어요. 이런 습관은 땅으로 떨어지는 사과부터 지구 주위를 도는 달의 운동까지 한 가지 원리로 설명할 수 있는 운동 법칙을 생각해 내는 데 큰 도움이 되었답니다.

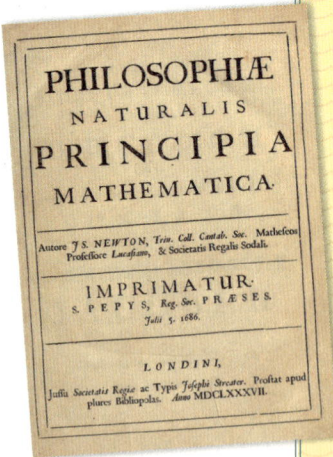

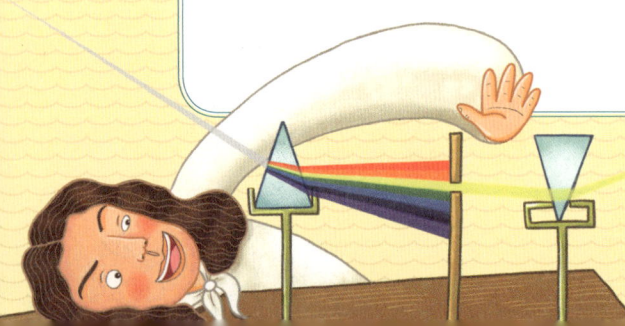

새로운 가치 창출

고대에서부터 중세까지는 아리스토텔레스의 주장대로 신의 영역에서는 완벽한 원운동을 하는 것과 달리 인간의 영역에서는 움직이던 물체는 멈추게 돼 있다라며 두 영역의 자연법칙이 다르다고 믿었어요. 하지만 나는 우주 모든 곳에 질량이 있는 것에는 서로 잡아당기는 힘이 작용한다는 주장을 해 당시 사회에 큰 영향을 미쳤답니다. 그리고 나의 영향을 받은 과학자들은 사색이나 직관 대신 '수학적 증명'과 '정밀한 실험'을 통해 연구를 진행하기도 했어요. 나의 연구 방법과 이론은 과학 분야에 큰 영향을 미쳤고, 결국 근대 과학이 탄생할 수 있는 계기가 되었답니다.

- 조용하고 외로운 아이
- 상상력을 발휘하다
- 꼴찌에서 일등으로
- 반항과 갈등을 넘어

인문학적 상상력

읽고 기록하고 상상하다

1

상상력이란 실제로 경험하지 않은 현상이나 사물을 마음속으로 생생하게 그려 낼 수 있는 능력을 말해요. 상상력이 지식과 결합하면 독창적이고 창의적인 발상을 할 수 있어요. 과학사에서 가장 창의적인 업적을 남긴 사람 중의 한 명인 뉴턴은 그 누구보다도 상상력이 뛰어났다고 할 수 있어요. 뉴턴이 이렇게 뛰어난 상상력을 가지게 된 이유는 어린 시절부터 다양한 분야에서 상상력의 재료를 차곡차곡 모았기 때문이랍니다. 뉴턴의 상상력을 활활 불타오르게 한 재료는 어떤 것들이었을까요?

조용하고 외로운 아이

"아이작, 엄마는 이제 이웃 마을에 가서 살아야 한단다. 이 땅과 집은 네 것이기 때문에 너는 여기 남아 이것들을 지켜야만 해. 무슨 말인지 알겠니?"

세 살배기 아이작 뉴턴은 어머니의 말이 무슨 뜻인지 알지 못했어요. 이제 막 어머니의 사랑을 느낄 만한 나이가 된 뉴턴은 그저 슬픈 기분이 들어서 어머니 품을 더욱 파고들 뿐이었지요. 어머니는 눈물을 닦으면서도 단호하게 뉴턴을 떼어 놓고 집을 떠났어요. 뉴턴은 외할머니와 함께 지내면서 하루하루 어머니를 기다리며 보냈어요. 문밖에서 무슨 소리가 들리기라도 하면 항상 기대에 가득 찬 눈으로 문 쪽을 물끄러미 바라보곤 했지요. 하지만 시간이 지나자 뉴턴도 이제 어머니는 돌아오지 않을 거라는 사실을 스스로 깨달았어요.

뉴턴의 아버지 아이작 뉴턴 시니어는 농부였고, 어머니 한나 에이스커프는 귀족 집안 출신이었어요. 애석하게도 1642년 뉴턴이 태어났을 때 아버지는 이미 이 세상 사람이 아니었어요. 뉴턴의 아버지는 오래전부터 지

병을 앓고 있었고, 뉴턴이 태어나기 두 달 전에 36세의 젊은 나이로 세상을 떠나고 말았거든요. 다행히 아버지는 남은 가족에게 꽤 풍족한 재산을 남겨 주었어요. 유산은 토지 450파운드 이상, 양 234마리, 소 46마리였지요. 당시

영국 링컨셔 주에 있는 뉴턴의 생가

일반적인 토지 소유주의 재산이 땅 100파운드에 양 40마리 정도였던 것을 생각해 보면 상당히 넉넉한 편이었지요. 뉴턴의 아버지는 "몸은 병들었지만, 기쁘고 아름다운 추억을 가지고 간다."는 말을 남기고 숨을 거두었어요.

뉴턴이 세 살 무렵인 1646년에는 어머니 한나마저 이웃 마을의 바르나바스 스미스 목사와 재혼을 하면서 뉴턴의 곁을 떠났어요. 뉴턴은 외할머니와 함께 지내게 되었지만, 부모가 모두 자신의 곁을 떠났다는 사실에 커다란 상실감과 슬픔을 느꼈어요.

이 일은 뉴턴에게 평생 마음의 상처로 남았어요. 뉴턴을 연구하는 학자들은 뉴턴이 내성적이고 감정적이며 우울한 성격을 가지게 된 건 바로 이 사건 때문이라고 말해요. 하지만 불행인지 다행인지, 이런 마음의 상처는 뉴턴을 깊이 생각하는 아이로 만들기도 했어요. 이때부터 뉴턴은 혼자 있을 때면 골똘히 생각에 잠겨 자신의 내면을 들여다보고 상상에 빠지는 습관을 지니게 되었거든요.

어느새 7년이라는 시간이 훌쩍 지났어요. 뉴턴이 열한 살이 되었을 무렵, 뉴턴은 이날도 이런저런 상상을 하며 집 앞 의자에 앉아 있었어요. 그때 멀리서 마차 한 대가 뿌연 먼지를 일으키며 다가오는 것이 아니겠어요?

'누굴까? 여기까지 찾아올 사람은 없을 텐데……'

마차가 점점 다가올수록 뉴턴은 이상하게도 가슴이 두근거리는 것을 느꼈어요. 그리고 얼굴을 볼 수 있을 정도로 마차가 가까워지자 뉴턴의 눈에서 눈물이 왈칵 쏟아지고 말았어요. 마차에 앉아 있는 사람은 다름 아닌 어머니였어요! 어린 시절 헤어졌기 때문에 얼굴이 정확하게 기억나지는 않았지만, 마차에 앉아 있는 사람이 어머니라는 것은 본능적으로 알 수

있었어요. 가슴이 두근거린 것도 그 때문이었지요.

 마차에서 내린 어머니는 그 앞에 꼼짝 않고 서 있는 뉴턴을 꼭 안아 주었어요.

 "못 본 사이에 훌쩍 컸구나, 아이작."

 어머니는 스미스 목사가 세상을 떠나자 뉴턴이 살고 있는 울스소프로 다시 돌아왔어요. 하지만 어머니 혼자 돌아온 건 아니었어요. 어머니는 스미스 목사 사이에서 낳은 뉴턴의 이복동생 세 명을 함께 데리고 왔어요.

 "아이작, 인사하렴. 여동생 메리와 한나, 그리고 남동생 벤저민이란다."

 "싫어! 난 동생 같은 거 필요 없어."

 뉴턴은 마음이 매우 복잡했어요. 어머니가 돌아왔다는 사실은 기뻤지만, 이복동생들 때문에 어머니의 사랑을 독

차지할 수 없다는 생각에 화가 나기도 했어요. 뉴턴은 이복동생들과 사이가 그렇게 좋지만은 않았어요. 훗날 뉴턴은 당시의 행동을 후회했답니다.

상상력을 발휘하다

뉴턴은 어릴 때부터 책 읽는 것을 참 좋아했어요. 또래 아이들과 밖에서 노는 것보다 혼자 조용히 있는 것을 좋아했고, 혼자 있을 때면 늘 책과 함께 시간을 보냈어요. 뉴턴은 양아버지인 스미스 목사로부터 300여 권의 책을 물려받았어요. 대부분이 종교에 관한 책이었지만, 뉴턴은 이 책들을 소중하게 관리했고 열심히 읽었어요.

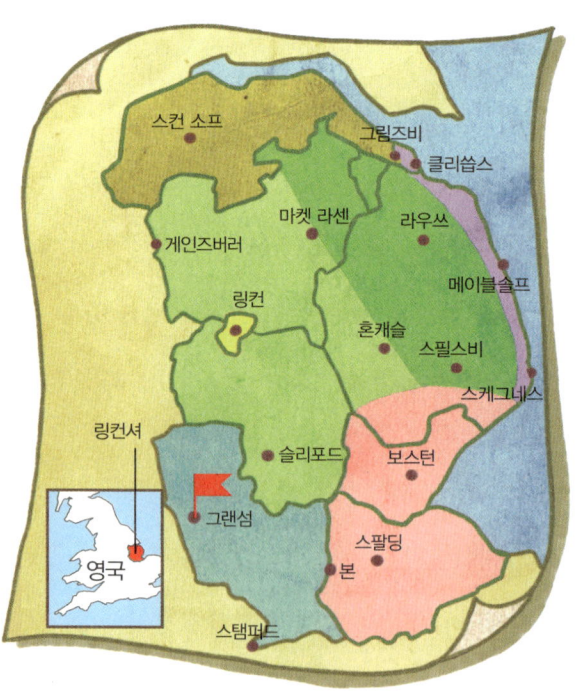

뉴턴은 13살 때부터 집을 떠나 그랜섬에 있는 학교에 다니게 되었어요. 이곳에서도 뉴턴의 독서 습관은 이어졌어요. 그랜섬에는 울프람 도서관이라는 커다란 도서관이 있었거든요. 뉴턴은 '지식과 상상력의 숲'과도 같은 도서관을 밤낮으로 드나들며 책을 읽고 공부하며 상상의 나래를 마음껏 펼칠 수 있었어요.

뉴턴이 하숙 생활을 했던 그랜섬의 클라크 씨 집에도 책이 꽤 많았어요. 클라크 씨의 형인 조지프가 남겨 놓은 이 책 중에서 뉴턴이 가장 좋아했던 책은 존 베이트의 〈자연과 예술의 신비〉였어요. 뉴턴은 이 책에 나와 있는 색깔을 혼합하는 방법이나 질병의 치료법 등을 노트에 꼼꼼하게 정리해 두기도 했어요. 뉴턴에게 책은 언제나 자신의 곁에 머물러 주는 사려 깊고 조용한 친구나 마찬가지였어요.

뉴턴은 책을 읽는 데 그치지 않고, 책에 나온 내용을 실험으로 확인해 보거나 실생활에 응용해 보기도 했어요. 어느 날 책을 읽다가 흥미로운 사실을 발견했어요.

"바람을 등지고 뛰면 훨씬 멀리 뛸 수 있다고? 음, 이론적으로는 당연히 그럴 수 있을 것 같아. 하지만 직접 확인해 보는 게 좋겠어."

뉴턴은 실제로 바람에 맞서거나 바람을 등지면서 멀리뛰기를 해 보았어요. 또 바람이 없는 날에도 멀리뛰기를 해 보고 그 결과를 서로 비교해 보았지요. 결과는 역시나 책에 나온 그대로였어요.

"바람을 등지고 뛰니까 정말 내가 멀리뛰기의 달인이라도 된 것 같아!"

뉴턴은 바람을 이용해 멀리 뛸 수 있다는 것을 실험으로 증명하는 데에 그치지 않고, 자신이 뛴 거리를 이용해 바람의 세기까지 측정할 수 있다는 사실도 깨달았어요. 나중에 뉴턴은 이때의 경험이 '실험을 바탕으로 한 자신의 첫 번째 연구'였다고 회고했답니다.

뉴턴은 이 사실을 써먹을 수 있는 날이 분명히 올 거라고 생각했어요. 바람이 몹시 강하게 부는 어느 날, 뉴턴은 친구들에게 자신의 능력을 보여 줄 기회가 왔다고 생각했지요. 책에서 얻은 지식을 이용해 친구들의 코를 납작하게 만들고 싶었던 뉴턴은 친구들에게 한 가지 제안을 했어요.

"우리 내기 하나 할까?"

"바람이 이렇게 부는데 내기는 무슨 내기야. 조금 있으면 비가 쏟아질지도 모른다고."

"멀리뛰기 시합을 해서 진 사람이 이긴 사람 심부름을 해 주는 건 어때? 한 달 동안 말이야."

"뭐, 우리야 손해 볼 것 없지. 아이작, 나중에 딴소리하기 없기다!"

친구들은 뉴턴의 제안을 흔쾌히 받아들였어요. 왜냐하면 뉴턴에 비해 덩치가 큰 친구들은 자신들이 질 리가 없다고 생각했기 때문이에요. 자신만만하기는 바람의 힘을 믿고 있던 뉴턴도 마찬가지였어요. 뉴턴은 씩 웃으며 바람이 가장 세게 불 때를 맞춰 땅을 박차고 '붕' 하고 뛰어올랐어요.

결과는 뉴턴이 예상한 그대로였어요. 과학의 원리, 즉 바람이 뉴턴을 도와주었다는 사실을 꿈에도 몰랐던 아이들은 서로를 바라보며 어리둥절해 할 뿐이었어요.

뉴턴은 책을 통해 얻은 지식과 영감을 이용해 무언가를 만드는 것도 좋아했어요. 그는 주위의 물건들을 자세히 관찰하고 스스로 재료를 구해 좀 더 나은 물건을 만드는 데 열중했어요. 뉴턴이 어린 시절에 만든 물건 중 가장 유명한 것은 바로 '생쥐가 돌리는 물레방아' 모형이었어요. 이 모형에 대한 아이디어는 그랜섬에 새로 짓는 물레방앗간 공사 현장을 보면서 시작되었답니다.

"정말 신기한걸? 물이 위에서 떨어지는 힘을 이용해 커다란 물레방아를 돌려 곡식을 찧는 거구나. 나도 한 번 만들어 볼까?"

뉴턴은 물레방아의 구조를 유심히 관찰하고는 나무를 구해 자그마한 물레방아 모형을 만들기 시작했어요. 그는 완성된 물레방아를 개울가로 가져가 물을 흘려 보았어요. 하지만 물레방아는 생각만큼 잘 돌아가지 않았어요.

'뭐가 잘못된 걸까? 아무래도 물레방아를 돌아가게 하려면 더 큰 힘이 필요해.'

뉴턴은 물레방아를 물끄러미 바라보며 한참을 고민하다가 한 가지 좋은 생각이 떠올랐어요.

"작은 동물의 힘을 이용하면 어떨까?"

존 베이트의 〈자연과 예술의 신비〉

뉴턴이 어린 시절 항상 옆에 끼고 살았던 〈자연과 예술의 신비〉는 1634년에 출간되었어요. 제목처럼 자연 현상부터 미술과 같은 예술에 이르기까지 다양한 내용을 담고 있답니다. 물론 근사한 그림도 많이 들어 있지요.

이 책은 총 4부로 구성되어 있어요. 1부는 물이 하는 일, 2부는 불이 하는 일, 3부는 그림, 색, 채색, 조각에 대한 내용, 4부는 실용적인 실험에 대한 것이었어요. 뉴턴은 이 책에서 모형과 기계, 해시계, 천체 관측 기구, 색깔과 빛, 화학 재료와 물질 등에 대해 많은 영감을 얻었어요.

〈자연과 예술의 신비〉의 표지

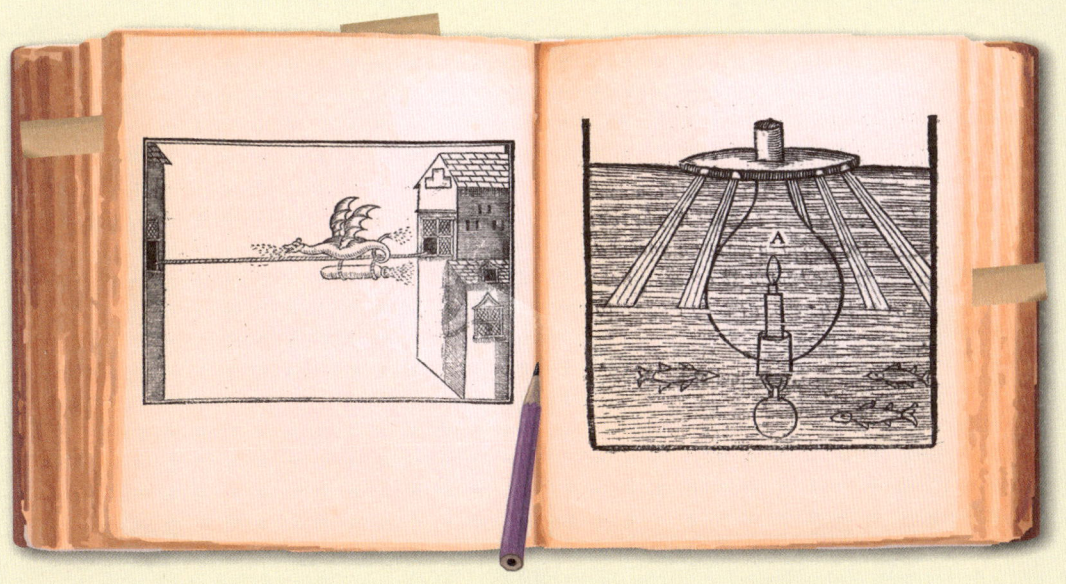

뉴턴은 더러운 시궁창을 뒤지기 시작했어요. 왜냐고요? 바로 생쥐를 잡기 위해서였어요. 멋지게 돌아가는 물레방아를 만들겠다는 생각에 푹 빠진 뉴턴에게 시궁창의 냄새는 아무런 문제가 되지 않았답니다. 그리고 마침내 자그마한 생쥐 한 마리를 잡을 수 있었어요. 뉴턴은 새까만 눈을 깜박이며 두려움에 떨고 있는 생쥐를 쓰다듬으며 이렇게 속삭였어요.

"괜찮아. 무서워하지 마. 이제부터 널 방앗간 주인이라고 부를게."

"찍찍, 찍찍찍."

뉴턴은 생쥐에게 별명을 붙여 주고 만족스럽게 미소를 지었어요.

"자 멋진 집도 생겼으니 이제 일을 해 볼까?"

뉴턴은 '방앗간 주인'의 꼬리를 살짝 잡아당겼어요. 놀란 생쥐가 재빠르게 움직이자 물레방아 역시 빙그르르 돌아가기 시작했어요. 뉴턴은 기뻤지만, 이 방법이 조금 마음에 들지 않았어요.

'매번 이렇게 꼬리를 잡아당길 수는 없어. 뭔가 다른 방법이 없을까?'

고민 끝에 그는 물레방아 모형 안에 옥수수를 조금 넣어 두었어요. 그러자 방앗간 주인이 옥수수를 잡으려고 몸을 뻗을 때마다 물레방아 모형은 힘차게 돌아갔지요.

뉴턴은 하늘을 나는 연에도 관심이 많아서 여러 가지 모양의 연을 만든 후 어떤 모양의 연이 더 오래 떠 있는지 알아보는 실험도 했어요. 한번은 주름진 종이와 양초를 이용해 직접 만든 손전등을 연에 매달아 날리기도 했는데, 마을 사람들은 뉴턴이 만든 연을 보고 혜성이 지나가는 줄 알고 작은 소동을 벌이기도 했답니다.

울스소프에 살던 시절, 뉴턴은 직접 해시계를 만들기도 했어요. 그는 태양의 위치에 따라 그림자의 길이와 방향이 달라지는 것을 보고는 집안 곳곳에 다양한 모양의 해시계를 만들어 붙여 놓았어요. 조금 과장하자면 태양 빛이 닿는 모든 곳에 해시계가 있을 정도였지요.

"할머니, 이렇게 해시계 중앙에 막대기를 붙여 놓으면 그림자가 생겨서 시간을 읽을 수 있어요!"

"그렇구나, 아이작. 총명하기도 하지. 허허허."

뉴턴이 연필 깎는 칼로 집 벽면에 새겨 놓은 해시계는 훗날 통째로 떼어져 영국 왕립학회에 기증되었고 지금까지 전시되어 있답니다.

뉴턴은 막대기뿐만 아니라 종과 같은 여러 가지 장치를 달기도 했어요. 해시계는 시간이 갈수록 점점 더 정교해졌어요. 그는 그랜섬에서 지낼 때도 집 한쪽 벽면에 30분 간격으로 눈금을 표시한 해시계를 새겨 놓았어요. 뉴턴이 만든 해시계는 꽤 정확해서 마을 사람들은 이 시계를 보고 시간을 가늠했어요.

또 뉴턴은 책에서 다양한 지식을 얻었어요. 그는 책 내용을 직접 확인해 보고 더 깊이 이해하고 생각하려 노력했지요. 이런 경험을 통해 뉴턴은 누구보다도 뛰어난 상상력을 가지게 되었답니다. 또 자기가 머릿속으로 상상한 것을 직접 만들어 내는 재주도 탁월했어요. 항상 무언가를 만드는 데 열중했던 뉴턴은 작은 톱이나 도끼, 칼 등과 같은 도구도 매우 능숙하게 다뤘어요. 이런 재능은 나중에 뉴턴이 반사 망원경 같은 관측 도구를 설계하고 만드는 데 큰 도움이 되었을 뿐만 아니라, 과학과 수학 분야에서 위대한 업적을 세우는 데에도 중요한 밑거름이 되었답니다.

꼴찌에서 일등으로

뉴턴은 하숙 생활을 하며 킹스 스쿨에서 본격적인 공부를 시작했어요. 킹스 스쿨에서는 대학교 진학을 준비하는 중·고등학교 과정을 가르쳤어요. 당시 영국 대부분의 학교에서는 언어와 문학에 대한 기초 소양을 키우는 것을 목표로 했어요. 이 학교도 마찬가지여서 라틴 어 수업을 매우 중요하게 생각했어요. 킹스 스쿨의 교장 선생님인 헨리 스토크스는 라틴 어의 중요성에 대해 늘 강조했지요.

"여러분. 고전 문학들은 대부분 라틴 어로 쓰였습니다. 만약 여러분이 라틴 어를 읽고 쓸 수 없다면 위대한 고전 문학에 담겨 있는 고귀한 인류의 정신과 문학의 아름다움을 전혀 알지 못한 채 살아가는 것과 같습니다. 이는 문맹과 다름없지요."

교장 선생님은 계속 말을 이었어요.

"또한, 고대 그리스 철학자들의 책을 읽기 위해서는 그리스 어를 알아야 합니다. 성경을 읽기 위해서는 히브리 어도 알아야 하지요. 여러분은 킹스 스쿨에서 그리스 어와 히브리 어도 배우게 될 겁니다."

뉴턴은 교장 선생님의 말씀에 따라 라틴 어 공부를 열심히 했어요. 어머니에게 받은 용돈으로 작은 노트를 사서 라틴 어로 '이 책은 아이작 뉴턴의 것이다.'라고 적어 놓기도 했지요. 또 자기 생각이나 책을 읽으며 느낀 점, 이런저런 지식을 노트에 차곡차곡 정리했어요. 당시에는 종이가 무척 귀했기 때문에 마음껏 쓸 수 있는 노트를 가지고 있다는 건 대단한 일이었어요. 뉴턴으로서는 매우 다행스러운 일이었지요.

킹스 스쿨에는 뉴턴처럼 근처 시골에서 유학을 온 학생들이 많았어요. 교장 선생님은 이들에게 좀 더 실용적인 학문을 추가로 가르쳤어요. 실용적인 학문이란 바로 수학이었지요.

"여러분 중에는 장차 가업을 이어 농부가 되려는 사람도 있겠지요? 그렇다면 반드시 수학을 배워야 합니다. 농부라면 농지의 면적을 계산할 줄도 알아야 하고, 농산물의 가격을 매길 수 있을 정도의 셈은 할 수 있어야 해요."

또 헨리 교장 선생님은 대학교에 진학하려는 학생들을 위해 조금 더 욕심을 내어 기본적인 기하학까지 가르쳤어요. 덕분에 뉴턴은 어린 시절 수학의 기초를 닦을 수 있었답니다.

하지만 뉴턴에게는 친구가 별로 없었어요. 뉴턴이 또래 남자애들과 어울려 밖에서 노는 일은 거의 없었지요. 내성적인 성격인 데다 혼자 생각하며 무언가를 만드는 걸 좋아했어요. 게다가 뉴턴은 학업 성적이 우수하지도 않았어요. 놀랍게도 뉴턴의 성적은 80명 정도 되는 학생 중에서 거의 꼴찌 수준이었어요. 학생들은 학업 성적에 따라 등급을 받고 좌석을 배정받는데, 뉴턴은 가장 낮은 등급을 받아 거의 매번 가장 뒤쪽에 앉았어요. 책 읽기를 좋아하고 생각하기를 좋아하던 어린 뉴턴을 떠올려 본다면 참 이상한 일이지요?

뉴턴이 공부를 열심히 하게 된 건 어느 날 등굣길에서 일어난 사건 때문이었어요.

"얘들아. 저기 샌님 지나가신다. 아이작은 샌님이래요."

고개를 푹 숙이고 학교로 향하던 뉴턴은 누군가의 비아냥거림에 깜짝 놀라 뒤를 돌아보았어요. 루크였어요. 루크는 뉴턴보다 성적이 훨씬 좋은 학생이었어요. 루크는 뉴턴에게 손가락질하며 놀려 대다가 빠르게 달려와서는 갑자기 뉴턴의 배를 걷어찼어요. 뉴턴은 길가에 맥없이 풀썩 쓰러졌어요.

"와하하하."

주위에 있던 다른 친구들은 쓰러진 뉴턴을 바라보며 웃기만 했어요.

뉴턴은 태어나서 처음 겪어 보는 일에 머릿속이 하얗게 변했어요.

'혹시 내가 친구들에게 미움받을 만한 행동을 한 걸까?'

하지만 아무리 생각해도 그런 일은 떠오르지 않았어요. 그러자 곧바로 억울함이 밀려왔어요. 뉴턴은 아무 이유도 없이 자신을 괴롭히는 친구들에게 당하고만 있을 수는 없다는 생각이 들었어요. 그리고 어떻게 하면 이 상황을 이겨낼 수 있을지 생각했지요.

'친구들이 날 업신여기지 않도록 행동으로 보여 줘야만 해!'

뉴턴은 눈물이 쏟아지려는 걸 꾹 참았어요. 그리고 떨리는 마음을 감추기 위해 주먹을 다부지게 쥐고는 루크에게 큰소리로 외쳤지요.

"대체 나한테 왜 이러는 거야! 나도 가만히 당하고 있지만은 않겠어. 학

교 마치고 교회 마당에서 만나자, 루크. 너에게 결투를 신청하겠어!"

"아이고 무서워라. 샌님 주제에 결투 신청이라니! 오늘이 네 제삿날인 줄 알아. 흥, 도망치지나 말라고!"

루크는 가소롭다는 듯이 웃으며 학교로 갔어요. 뉴턴도 흙을 툭툭 털어 내고는 떨리는 마음을 진정시키고 학교로 향했어요. 그날 내내 뉴턴은 수업에 집중할 수가 없었어요. 아침에 있었던 일이 계속 떠올랐거든요.

'내가 샌님이라고? 끝까지 물고 늘어져서 내 진짜 모습을 보여 줄 테다.

절대 포기하지 않겠어!'

드디어 수업이 끝나고 뉴턴과 루크는 교회 마당에서 다시 만났어요. 소문을 듣고 달려온 아이들도 많았지요. 뉴턴은 심장이 쿵쾅쿵쾅 뛰는 소리가 들리는 듯했어요. 주먹을 먼저 날린 건 뉴턴이었어요. 하지만 루크에게는 어림없었어요. 루크가 옆으로 슬쩍 몸을 피하자 뉴턴은 균형을 잃고 비틀거렸어요. 그때 루크가 주먹을 크게 한 방 먹였고 뉴턴은 그만 나자빠지고 말았어요.

"하하. 그 실력으로 나한테 결투 신청을 한 거야? 집에 가서 엄마 젖이나 더 먹고 오시지!"

하지만 뉴턴은 다시 일어났어요. 루크는 다시 주먹을 뻗었고 그때마다 뉴턴은 뒤로 넘어졌지요. 코피가 흐르고, 입술이 터지고, 팔꿈치와 무릎도 까졌지만, 뉴턴은 몇 번을 쓰러져도 다시 일어나 루크에게 달려들었어요. 그리고 이렇게 외쳤어요.

"빨리 사과해! 항복하라고!"

뉴턴의 싸움 실력은 형편없었지만, 의지만큼은 누구보다 강했어요. 끝까지 달려드는 뉴턴의 끈질긴 기세에 루크는 기가 질리고 말았어요. 그리고 곧 뉴턴에게 쩔쩔매기 시작했지요.

"으윽, 샌님인 줄 알았는데 의외로 끈질긴 구석이 있잖아? 그래, 항복이다! 항복!"

루크는 항복을 하자마자 가방을 챙겨 부리나케 도망가 버렸어요. 구경하던 친구들도 하나둘 자리를 떴지요. 교회 마당에 혼자 남겨진 뉴턴은 풀썩 주저앉았어요. 기쁨도 잠시, 여전히 풀리지 않은 억울함을 달래며 그는 마음속으로 이렇게 다짐했어요.

'내가 이렇게 무시를 당한 건 저 녀석보다 성적이 안 좋기 때문이야. 두고 봐. 성적으로도 루크 녀석을 이겨 주겠어!'

그 후 뉴턴은 밤낮으로 공부를 하기 시작했어요. 얼마 지나지 않아 뉴턴은 학교에서 1, 2등을 다투는 학생이 되었어요. 성적을 올리기 위해 뉴턴이 얼마나 노력을 했는지 잘 알 수 있겠지요?

한편, 뉴턴이 킹스 스쿨을 다니는 동안에 하숙을 한 곳은 그랜섬에서 약재상을 운영하고 있는 클라크 씨네 집이었어요. 클라크 씨의 부인이 뉴턴의 어머니와 친구 사이였기 때문에 뉴턴은 이곳에서 지낼 수 있었지요. 클라크 씨와 부인은 뉴턴을 가족처럼 잘 보살펴 주었어요. 덕분에 뉴턴은 편안하고 또 자유롭게 지내면서 많은 생각을 할 수 있었답니다.

클라크 씨 집에 머무는 동안 뉴턴은 약재상의 수습생으로도 일했어요. 뉴턴은 가게에서 클라크 씨를 도우면서 약물과 연고 등을 섞는 일을 도왔어요.

"아이작, 여기 두 약물을 잘 섞어라. 공기 방울이 생기지 않게 조심해야 한다."

"맡겨만 주세요! 약물이 섞이는 걸 보면 신기하고 재밌어요."

뉴턴은 이런 경험을 통해 화학 약품에 친숙해지고 약간의 기술도 배울 수 있었어요. 이때의 경험은 나중에 이론과 실험을 융합시키는 능력으로 이어졌답니다.

반항과 갈등을 넘어

킹스 스쿨에 입학한 지 3년이 되던 해였어요. 그랜섬에서의 학교생활과 약재상 수습 생활에 만족하고 있던 뉴턴은 어머니로부터 갑작스런 연락을 받았어요.

'사랑하는 아이작, 공부는 그만하면 충분한 것 같구나. 학교를 그만두고 집으로 돌아와 이제부터는 존경받는 지주로 사는 법을 배우는 게 좋겠구나.'

어머니는 누구보다도 뉴턴을 사랑했지만, 아들이 학자라는 불확실한 길을 가는 것을 원치 않았어요. 어머니는 자신이 가진 농지와 가축들을 뉴턴에게 안전하게 물려주는 것이 자식을 위한 최고의 선택이라고 믿었어요.

뉴턴은 갑작스러운 소식에 놀랐고 또 실망스러웠어요. 뉴턴은 이제 막 공부의 재미를 느끼고 있었거든요. 소식을 듣고 놀란 사람은 뉴턴뿐만이 아니었어요. 킹스 스쿨의 헨리 교장 선생님도 어머니의 결정을 전해 듣고 무척 안타까워했어요.

'이렇게 재능 있는 아이가 교육을 받지 못하게 되다니……'

교장 선생님은 시골의 지주로 살기에는 뉴턴의 재능이 너무 아깝다고 생각했어요. 그래서 그는 뉴턴의 어머니를 설득하기 위해 편지를 썼어요.

뉴턴은 학문에 매우 뛰어난 재능을 가지고 있습니다. 라틴 어뿐만이 아니라, 수학에서도 무척 뛰어난 성적을 거두고 있습니다. 뉴턴이 계속해서 학교에 다닐 수 있도록 다시 한번 생각해 주시길 바랍니다.

하지만 어머니의 결심은 단호했어요. 그녀는 자신의 생각을 담은 편지를 써서 교장 선생님에게 보냈어요.

교장 선생님. 제 자식의 앞날을 걱정해 주셔서 감사합니다. 하지만 뉴턴은 우리 집안의 가장으로, 가족들을 보살펴야 하는 의무가 있습니다. 아이작을 킹스 스쿨에 보낸 것도 지주가 지녀야 할 자질을 갖추기 위해서였어요. 이제 더 이상의 공부는 필요 없다고 생각합니다. 부디 아이작을 잘 타일러 집으로 돌려보내 주세요.

어머니의 단호한 태도에 교장 선생님도 어쩔 수 없었어요.

"아이작, 일단은 집으로 돌아가는 게 좋겠구나. 내가 어떻게든 너를 다시 학교로 불러오마. 그러니 집에 가서도 공부를 게을리하면 안 된다. 잘 알겠지?"

교장 선생님의 말씀에 뉴턴은 그저 고개를 끄덕일 수밖에 없었어요. 하지만 뉴턴의 속마음은 달랐어요.

'고향으로 돌아가 지주로 살아야 한다니! 하고 싶은 것도, 알고 싶은 것도 많은데……'

뉴턴은 어머니의 뜻에 따라 다시 고향으로 돌아갈 수밖에 없었어요. 고향 집으로 돌아온 뉴턴은 자신의 불만을 나타내기 위해 어머니의 뜻에 반대되는 행동을 많이 했어요.

"아이작, 밭을 한번 둘러보고 오렴. 해 질 녘까지는 돌아와야 한다."

뉴턴은 어머니의 말에 대답하는 시늉만 하고는 밭을 둘러보는 대신 근처 숲에 들어가 자리를 잡고 앉아 책을 읽기 시작했어요. 그리고 일부러 해가 다 진 다음에야 집에 돌아가기를 반복했어요.

'어머니 말씀에 무조건 따를 순 없어. 이렇게 해야 내 불만을 어머니가 조금이라도 알아주실 테니까. 일은 소작농들이 알아서 잘 하겠지.'

뉴턴은 어머니에게 짜증을 내는 일도 많았어요. 곧 집안 분위기는 안 좋아졌고 뉴턴은 하인들과도 자연스레 사이가 나빠졌어요.

그러던 어느 날, 콜스워터스 법원으로부터 한 통의 편지가 날아왔어요.

편지에는 이런 내용이 적혀 있었어요.

> 울스소프 농장의 양들이 근처의 나무를 망가뜨렸으므로 벌금형에 처함. 아이작 뉴턴 또는 그의 대리인은 이틀 안에 법원에 출두하여 벌금을 납부할 것.

뉴턴이 가축을 제대로 돌보지 않은 사이에 일어난 일이었어요. 사고는 이걸로 끝나지 않았어요. 뉴턴이 울타리를 제때 고치지 않아 돼지들이 이웃의 옥수수 밭을 망가뜨려 놓은 적도 있었어요.

크고 작은 사고가 끊이지 않자 어머니는 뉴턴을 더욱 엄하게 대했어요. 그리고 나이 많은 하인을 붙여서 뉴턴의 행동을 일일이 감독하게 했지요. 뉴턴은 어쩔 수 없이 늙은 하인과 함께 매주 토요일 아침에 울스소프에서 키운 농작물을 팔고, 농사에 필요한 물건을 사기 위해 그랜섬의 시장으로 말을 끌고 가야만 했어요.

매주 그랜섬의 시장을 오가게 되면서 좋은 점도 있었어요. 시장에서 돌아오는 길에 하인을 먼저 보내고 클라크 씨 집으로 가 마음껏 책을 읽을 수 있다는 점이었지요. 뉴턴은 하숙할 때 자신이 사용했던 클라크 씨 집의 다락방에서 책을 읽고 이런저런 생각에 빠지며 행복을 느꼈어요. 하지

만 이런 행복은 또다시 작은 사고로 이어졌어요. 하루는 그랜섬에서 돌아오면서 조금 전에 읽은 책 내용을 생각하느라 말이 고삐를 풀고 도망간 것도 모르고 고삐만 잡고 집으로 돌아온 거예요.

뉴턴이 어려서부터 책을 매우 좋아했고, 라틴 어, 철학, 수학 등의 공부에도 재능이 있다는 건 분명했어요. 하지만 이때까지만 해도 뉴턴은 자신이 어떤 사람이 되고 싶은지, 무엇을 하고 싶은지 정확히는 알지 못했어요. 다만, 가축을 돌보고 추수를 감독하는 일은 자신과 맞지 않는다는 것 정도만 알고 있을 뿐이었지요. 뉴턴은 그 누구보다도 영리한 아이였지만, 그 나잇대의 청소년이 겪는 미래에 대한 불안감은 고스란히 가지고 있었답니다. 이때가 겨우 16살 무렵이었으니까 당연한 일이었지요.

하지만 다행히도 뉴턴의 곁에는 어떤 인생을 살 것인지에 대한 방향을 제시해 주고 조언을 아끼지 않은 두 명의 훌륭한 조력자가 있었어요. 한 명은 킹스 스쿨의 헨리 교장 선생님이었고, 다른 한 명은 외삼촌이었어요.

뉴턴이 학업을 중단한 것을 매우 안타깝게 생각한 교장 선생님은 울스소프까지 직접 찾아와 어머니를 설득했어요.

"뉴턴을 대학교에 보내면 재산을 지키고 또 불려 나가는 데 큰 도움이 될 겁니다. 그러니 뉴턴을 다시 학교로 보내 계속해서 공부하도록 하는 게 어떻겠습니까?"

교장 선생님의 적극적인 태도에 어머니는 어떻게 해야 할지 몰라 이렇게 둘러댔어요.

"교장 선생님. 저는 뉴턴을 대학교에 보낼 만한 돈이 없답니다."

하지만 이는 뉴턴을 계속해서 집에 붙잡아 두기 위해 급하게 꾸며 낸 변명이었어요. 뉴턴이 꽤 부유한 집에서 자랐다는 걸 누구보다도 잘 알고 있었던 교장 선생님은 어머니의 눈치를 살피며 이런 제안까지 했어요.

"잘 알겠습니다. 사정이 그러하시다면 제가 40실링을 지원하도록 하지요."

40실링은 꽤 큰돈이었어요. 친자식도 아닌 뉴턴에게 이렇게 큰돈을 아낌없이 주겠다는 교장 선생님 앞에서 어머니는 더는 핑계를 댈 수 없었어요. 결국, 뉴턴의 어머니는 잠시 고민을 하다가 힘겹게 대답했어요.

"이건 저희 집안에서 매우 중요한 일이랍니다. 저 혼자서는 도저히 결정을 못 하겠군요. 이웃 마을에서 목사로 일하고 있는 오라버니와 먼저 상의해 봐야겠어요."

어머니는 오빠인 윌리엄 에이스커프 목사를 찾아가 뉴턴의 장래에 관해 물었어요. 뉴턴의 외삼촌인 윌리엄 목사는 케임브리지 대학교에서 공부를 마치고 신학교 교장을 맡고 있는 분이었어요.

"한나, 내 생각엔 뉴턴을 대학교에 보내는 것이 좋을 것 같아."

"하지만 뉴턴은 이 집안의 가장이에요. 농지를 관리하고 가축을 보살피는 일도 중요하지 않겠어요?"

"난 어릴 때부터 뉴턴을 쭉 지켜봐 왔어. 그 아이에겐 말로 설명할 수 없는 뭔가 특별한 것이 있어. 내가 나온 케임브리지 대학교는 무척 훌륭한 곳이야. 뉴턴이 그곳에 간다면 정말 많은 걸 배울 수 있을 거야."

뉴턴을 대학교에 보내라는 오빠의 말을 듣고 어머니는 어쩔 수 없이 뉴턴을 다시 학교로 보냈어요. 교장 선생님과 외삼촌 덕분에 뉴턴은 그랜섬으로 다시 돌아오게 된 거예요.

마침내 그랜섬의 킹스 스쿨로 돌아온 뉴턴은 케임브리지 대학교에 진학하기 위해 몇 달 동안 교장 선생님으로부터 집중적인 개인 지도를 받았어요. 헨리 교장 선생님은 뉴턴을 위해 시간을 기꺼이 내주었고 조언도 아끼지 않았어요.

"아이작, 대학에서 공부하려면 무엇보다도 라틴 어 실력이 뛰어나야 해. 대부분의 교과서가 라틴 어로 적혀 있단다. 그러니 앞으로 남은 시간 동안 고전을 읽으면서 라틴 어 실력을 기르도록 하렴."

뉴턴은 교장 선생님의 도움으로 다양한 독서 경험을 쌓고, 폭넓은 인문학 지식을 갖출 수 있었어요. 이때 습득한 인문학적 소양은 뉴턴의 상상력을 풍부하게 만들었고, 위대한 과학자가 되기 위한 토대가 되었답니다.

- 드디어 케임브리지로
- 새로운 생각을 접하다
- 전염병을 피해 고향으로 가다
- 만유인력의 발견
- 운동의 법칙

과학 기술 창조력

우주가 움직이는 원리를 발견하다 2

뉴턴은 만유인력을 발견하고 세 가지 운동 법칙을 정립했어요. 코페르니쿠스에서 시작된 과학 혁명이 뉴턴에 이르러 마침내 완성된 거예요. 뉴턴이 이러한 업적을 남길 수 있었던 이유는 탁월한 과학적 창조력을 갖추고 있었기 때문이에요. 과학사에 한 획을 그은 놀라운 발견은 어떤 과정을 거쳐 탄생한 것일까요?

드디어 케임브리지로

1661년 뉴턴이 케임브리지로 떠나는 날이 다가왔어요. 교장 선생님은 뉴턴을 교실 앞으로 불러내 눈물을 글썽이며 말했어요.

"아이작 뉴턴 군은 모범적인 학교생활을 했습니다. 남아 있는 여러분들도 뉴턴 군을 본받아 모범적으로 생활해 주기를 바랍니다."

뉴턴은 그동안 정들었던 킹스 스쿨을 떠나면서 학교에 조그만 흔적을 남기고 싶었어요. 그래서 펜촉을 다듬는 칼로 학교 창문틀에 다음 두 단어를 조그맣게 새겨 넣었어요.

'나, 뉴턴'

'나, 뉴턴(I, Newton)'이라고 새겨져 있는 킹스 스쿨의 창문틀

　뉴턴은 1661년 6월 2일, 마침내 고향 울스소프를 떠나 케임브리지로 향했어요. 케임브리지까지 약 100 km 거리를 꼬박 3일 동안 걸어서 이동했답니다. 뉴턴은 거의 아무것도 가져가지 않았기 때문에 케임브리지에 도착하자마자 세면대, 요강, 잉크, 잉크를 담을 1 L짜리 병 등 대학 생활에 필요한 물건부터 구입했어요. 이제부터 그는 새로운 곳에서 새로운 것을 배우며 지내게 될 거예요.

　하지만 뉴턴의 대학 생활은 그리 순탄치만은 않았어요. 뉴턴의 어머니는 울스소프에서 가장 부유한 사람 중 한 명이었지만, 생활비를 거의 보내 주지 않았어요. 어머니가 보내 주는 돈은 1년에 단 10파운드밖에 되지 않았어요. 식비와 방세, 수업료를 감당하기에는 턱없이 부족한 액수였지요.

어머니는 헨리 교장 선생님과 오빠인 윌리엄 목사의 설득에 뉴턴을 케임브리지로 보내긴 했지만, 여전히 뉴턴이 대학에 진학한 것이 탐탁지 않았어요. 가업을 져버리고 간 뉴턴에게 돈을 보내 줄 마음이 없었지요. 오히려 뉴턴이 케임브리지에서 가난한 생활을 견디다 못해 다시 고향으로 돌아오기를 바랐어요.

당시 케임브리지 대학교에는 자동으로 학위를 받게 되는 귀족, 수업료

와 하숙비를 내면서 학교에 다니는 자비생, 교수들에게 봉사하며 장학금을 받는 장학생, 다른 학생들의 심부름을 하며 생활하는 근로 학생이 있었어요. 뉴턴은 그중에서 근로 학생이었어요.

"자, 근로 학생들은 이곳으로 모이세요."

담당 교수가 근로 학생들을 불러 모았어요.

"여러분은 식당에서 일하거나 선배들의 심부름을 하게 될 거예요.

구두도 닦아야 하고 화장실 청소도 해야 합니다. 근로 학생인 만큼 다른 학생들이 불편하지 않도록 각별히 신경 써 주세요. 그렇다고 해서 학업에 소홀해서는 안 됩니다."

뉴턴은 앞날이 까마득했지만, 지금으로선 별다른 방법이 없었어요. 일을 하지 않고는 학교생활을 이어나갈 수 없었거든요. 뉴턴은 근로 학생으로 하루하루를 힘겹게 버텨 냈어요. 그럼에도 생활비는 늘 부족했지요.

"이번 달은 식비를 좀 줄여야겠어. 몇 끼는 부자 동료들이 남긴 음식으로 해결해야지."

하지만 매번 이런 식으로 생활할 수는 없었어요. 그는 생활비로 쓸 돈을 벌기 위해 따로 일거리를 찾아야만 했어요. 학교 게시판을 기웃거리던 뉴턴은 괜찮아 보이는 일거리 하나를 발견했어요. 아침 예배 시간에 늦지 않도록 새벽에 부자 동료들을 깨워 주는 일이었어요. 이른 시간에 일어나는 것은 꽤 힘든 일이었어요. 뉴턴은 떠지지 않는 눈을 비비며 새벽에 일어나 옷깃을 단단히 여미고 동급생들을 깨우러 방을 나서곤 했지요.

뉴턴은 몸도 힘들었지만 마음도 무척 힘들었어요. 시중을 들던 동급생들 대부분이 뉴턴보다 한두 살이 더 어렸어요. 게다가 근로 학생은 부유한 학생들과 어울리는 것조차 금지되어 있었지요. 근로 학생으로 지내면서 겪은 서러움과 외로움은 뉴턴의 의지를 조금씩 흔들기 시작했어요. 날이 갈수록 몸과 마음은 지쳐만 갔고, 잠이 부족해 눈은 빨갛게 충혈되었어요. 배가 고파 잠에서 깬 적도 한두 번이 아니었어요. 그럴 때면 공부를 포기하고 그만 고향으로 돌아가고 싶다는 생각이 슬그머니 고개를 들곤 했지요.

대학에서 배우는 공부도 만만치 않았어요. 플라톤과 아리스토텔레스 철학, 수사학, 윤리학, 역사학 등 많은 고전을 배워야 했어요. 새롭게 배워야 할 내용이 많은 데다가 과제도 많아서 공부를 따라가는 것이 무척 힘들었지요. 게다가 근로 학생으로서 해야 할 일도 있었고, 생활비까지 벌어야 했으니 더욱 힘들었을 거예요. 하지만 뉴턴은 고향으로 돌아가고 싶다는 마음보다 배우는 기쁨이 더 컸어요. 새로운 지식이 주는 즐거움이야말로 고된 하루하루를 버티게 해 주는 유일한 힘이었어요.

내성적인 성격의 뉴턴은 킹스 스쿨에서와 마찬가지로 케임브리지에서도 친구들과 그리 많은 교류를 하지는 않았어요.

뉴턴이 외톨이로 의기소침하게 지내던 어느 날이었어요. 기숙사에서 같은 방을 쓰던 친구와 사소한 다툼을 벌이고 밖으로 나와 산책을 하고 있었어요. 그러다 맞은편에서 걸어오는 한 학생을 만나게 되었어요. 웬일인지 뉴턴이 먼저 말을 걸었어요.

"뭐 해? 나는 정신없이 날뛰는 룸메이트와 싸우고 나온 길이야."

그러자 그 학생은 씨익 웃으며 이렇게 대답하는 게 아니겠어요?

"어? 나도 그런데. 이 세상에는 정말 이상한 녀석들이 많단 말이야. 반가워. 난 존 위킨스라고 해."

    뉴턴은 우연찮게 같은 불편을 겪고 있는 위킨스와 금방 친해졌어요. 그리고 이런 제안을 했지요.

    "저기, 우리 둘이서 함께 방을 쓰면 어떨까?"

    뉴턴의 제안에 위킨스는 흔쾌히 동의했고, 즉시 방을 바꾸었어요. 둘은 존 위킨스가 케임브리지를 떠날 때까지 약 15년간 같은 방을 쓰면서 세상에 둘도 없는 친구가 되었답니다.

    뉴턴은 케임브리지의 생활에 조금씩 적응해 갔어요. 하루하루 생활비를 걱정해야 하는 절박한 상황이었지만, 이런 위기감은 오히려 뉴턴의 의지를 활활 불타게 하는 땔감이 되어 주었어요. 빨리 학문으로 성공해서 이 궁핍한 생활을 벗어나야겠다는 결심은 시간이 갈수록 점점 더 단단해졌답니다.

새로운 생각을 접하다

뉴턴은 대학에 진학한 뒤 아리스토텔레스의 책과 사상에 흠뻑 빠졌어요. 당시 영국 대학교의 교과 과정은 크게 두 가지였어요. 하나는 중세 초에 설립된 기초 교육으로 종교적인 원전을 연구하는 것이었고, 나머지 하나는 비종교적인 내용으로 그 중심에는 아리스토텔레스의 사상이 있었지요.

아리스토텔레스가 활약하던 고대 그리스 시대에는 인문학과 자연 철학의 경계가 명확하지 않았어요. 따라서 아리스토텔레스 역시 논리학, 윤리학, 수사학 같은 인문학뿐만 아니라 우주론과 역학 같은 자연 철학까지도 모두 연구했어요.

뉴턴은 그리스 어, 라틴 어를 해석해 가면서 아리스토텔레스의 책을 읽었어요. 뉴턴은 표지에 '1661년 케임브리지, 트리니티 칼리지, 아이작 뉴턴'이라고 쓴 노트를 항상 가지고 다녔는데, 노트의 첫 장에는 아리스토텔레스 책에서 읽은 내용을 꼼꼼하게 정리해 두었어요. 하지만 1663년부터 뉴턴의 노트에는 점점 새로운 내용으로 채워지기 시작했어요.

"플라톤은 내 친구다. 아리스토텔레스도 내 친구다. 하지만
진리야말로 누구보다 소중한 내 친구다."

이 글귀는 아리스토텔레스가 스승 플라톤과 의견을 달리하면서 '플라톤

은 내 친구이다. 하지만 진리가 더 훌륭한 내 친구이다.'라고 쓴 것을 본뜬 것이에요. 뉴턴은 이때부터 자연 철학에 심취했고, 그 생각을 노트에 적어 둔 거예요.

　뉴턴은 케임브리지 대학교에 다니는 동안 그때까지의 자연관과는 다른 의견을 가진 자연 철학자들의 사상도 많이 접할 수 있었어요. 코페르니쿠스, 케플러, 갈릴레이와 같은 자연 철학자들의 책을 읽으면서 마침내 뉴턴은 새로운 자연법칙에 서서히 눈을 뜨게 되었어요. 당시 뉴턴은 새로운 자

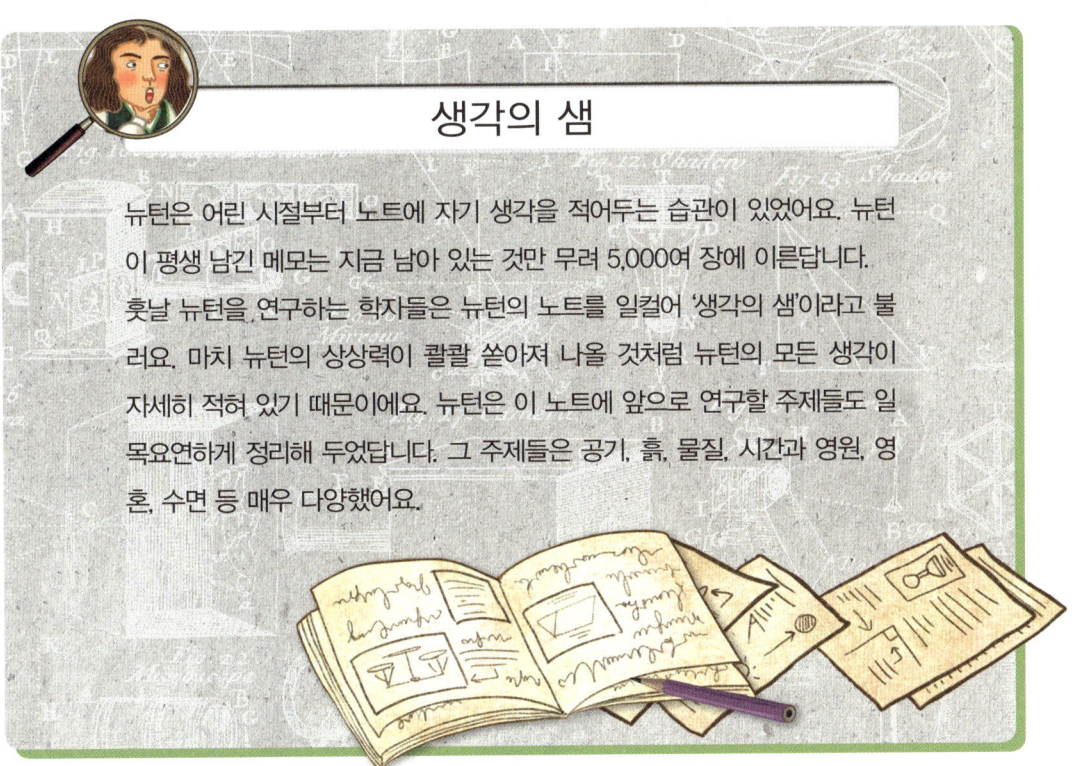

생각의 샘

뉴턴은 어린 시절부터 노트에 자기 생각을 적어두는 습관이 있었어요. 뉴턴이 평생 남긴 메모는 지금 남아 있는 것만 무려 5,000여 장에 이른답니다. 훗날 뉴턴을 연구하는 학자들은 뉴턴의 노트를 일컬어 '생각의 샘'이라고 불러요. 마치 뉴턴의 상상력이 콸콸 쏟아져 나올 것처럼 뉴턴의 모든 생각이 자세히 적혀 있기 때문이에요. 뉴턴은 이 노트에 앞으로 연구할 주제들도 일목요연하게 정리해 두었답니다. 그 주제들은 공기, 흙, 물질, 시간과 영원, 영혼, 수면 등 매우 다양했어요.

연관에 대한 지식을 습득하면서 엄청난 학습 능력을 발휘했어요. 유럽에 존재하는 거의 모든 지식을 익혔다고 해도 틀린 말은 아니었어요. 뉴턴은 공부에 몰두할 때면 깜박하고 식사를 하지 않는 경우가 부지기수였고, 잠을 자지 않을 때도 있었지요.

뉴턴은 특히 갈릴레오 갈릴레이의 연구로부터 많은 영향을 받았어요. 갈릴레이는 직접 만든 망원경으로 달 표면, 태양 흑점, 금성의 위상 변화, 목성의 위성 등을 관측했어요. 이를 통해 우주는 지구를 중심으로 움직이지 않는다는 것을 깨닫고 지동설을 지지했어요. 또한 관성, 물체의 낙하 같은 물체의 운동 법칙에 대해서도 연구했어요. 갈릴레이는 이런 연구 과정에서 '실험과 관측'의 중요성을 강조했답니다.

뉴턴 역시 사람마다 받아들이는 감각이 다르기 때문에 똑같은 현상을 보고도 다른 결론을 내릴 수 있다고 생각했어요.

'사물이 원래 갖고 있는 성질을 알기 위해서는 감각에 의존하는 것보다는 사물들이 서로 어떻게 작용하는지 하나하나 따져 보는 것이 더 믿을 만하고 옳은 방법이야.'

뉴턴은 새로운 이론이나 자연법칙을 연구할 때면 언제나 객관적인 판단 기준이 될 수 있는 '실험'이나 '수학적 증명'을 이용했답니다.

1663년 스물한 살이 된 뉴턴은 양아버지 스미스 목사의 유산을 마음대로 사용할 수 있게 되었어요. 이제는 식당 일이나 심부름을 하지 않아도 학교에 다닐 수 있게 되었지요. 게다가 1664년에는 장학생 시험에 통과해 지긋지긋한 근로 학생 신분도 벗어날 수 있었어요.

"아이작, 축하해! 드디어 장학생으로 선발되었구나."

친구 위킨스가 축하해 주었어요.

"고마워, 위킨스. 이제 학교에서 장학금도 받을 수 있으니 한숨 돌릴 수 있겠어. 석사 학위를 딸 때까지 트리니티 칼리지에 남을 수 있게 된 게 가장 다행이야."

장학생이 된 지 일 년이 되지 않아 뉴턴은 졸업 자격 시험을 보았어요. 이 시험은 수백 년의 전통이 있는 시험이었지요. 뉴턴은 우수한 성적을 받지는 못했지만 1665년 졸업 자격을 얻었답니다.

뉴턴에게 영향을 준 과학자들

아리스토텔레스 — 우주의 중심은 지구이다.

프톨레마이오스 — 지구 중심의 천동설 주장

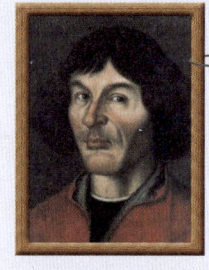
코페르니쿠스 — 태양 중심의 지동설 주장

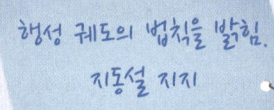
행성 궤도의 법칙을 밝힘. 지동설 지지

케플러

갈릴레이 — 천체 관측을 통해 지동설 지지

전염병을 피해 고향으로 가다

"옆 마을에는 가족을 모두 자기 손으로 파묻은 사람도 있다더군. 쯧쯧, 정말 딱한 일이야."

"죽은 사람이 너무 많아 관이 부족할 지경인데, 어디 그런 사람이 한둘이겠나? 계속 런던에 있다가는 우리도 언제 페스트에 걸릴지 모른다고."

"런던을 벗어난다면 좀 괜찮을까? 소문에는 이미 다른 지방까지도 퍼졌을지도 모른다던데……. 열이 조금만 나도 페스트에 걸린 게 아닐까 하고 겁부터 난다니깐."

1665년, 사람이 모이는 곳에서는 어김없이 이런 흉흉하고 끔찍한 이야기가 끊이지 않았어요. 런던에 페스트가 퍼졌기 때문이에요. 페스트는 쥐와 같은 야생 설치류에 의해 발생하는 치명적인 전염병으로 흑사병이라고도 해요. 페스트에 걸리면 두통과 현기증을 느끼며 심한 열이 나고 몸이 검게 썩어들어 가다가 결국에는 죽음에 이른답니다. 유럽에서는 이미 6~7세기와 14세기에 페스트가 유행해 엄청난 피해가 있었어요.

당시 영국은 네덜란드와 전쟁을 치르고 있었어요. 런던의 템스 강 부두에는 전쟁 포로들을 운반하는 배가 하루가 멀다 하고 밀려 들어왔어요. 또 유럽 대륙에서 재배된 목화를 실은 배도 끊임없이 드나들었지요. 그리고 페스트균을 잔뜩 가지고 있는 쥐들 역시 이 배를 타고 유럽 대륙에서 영국으로 건너왔어요.

런던은 50만 명 이상의 사람이 살던 대도시였기 때문에 전염병은 매우 빠르게 퍼져나갔어요. 페스트에 걸린 사람이 일주일 사이에 1,000명에서 2,000명으로 늘어나더니, 급기야 그해 9월에는 일주일 동안 죽은 사람이 8,000명에 이르렀어요. 이때를 일컬어 '런던 대흑사병 시기'라고 불러요. 지금은 조기에 발견만 한다면 치료할 수 있지만, 당시에는 뾰족한 치료 방법이 없었어요. 그래서 페스트에 걸린 환자들을 격리하고, 죽은 사람들의 시신을 땅에 묻거나 불태우는 방법이 최선이었어요.

런던에 살던 사람들이 페스트를 피해 수도를 빠져나오자 그들을 따라 전염병은 금세 지방으로 퍼져나갔어요. 케임브리지 지역도 예외는 아니었지요. 결국 10월에 케임브리지 대학교는 학교를 폐쇄하기로 결정했어요.

위킨스가 근심 가득한 얼굴로 뉴턴에게 다가와 물었어요.

"아이작, 소식 들었어? 학교가 무기한 휴교를 한다는군."

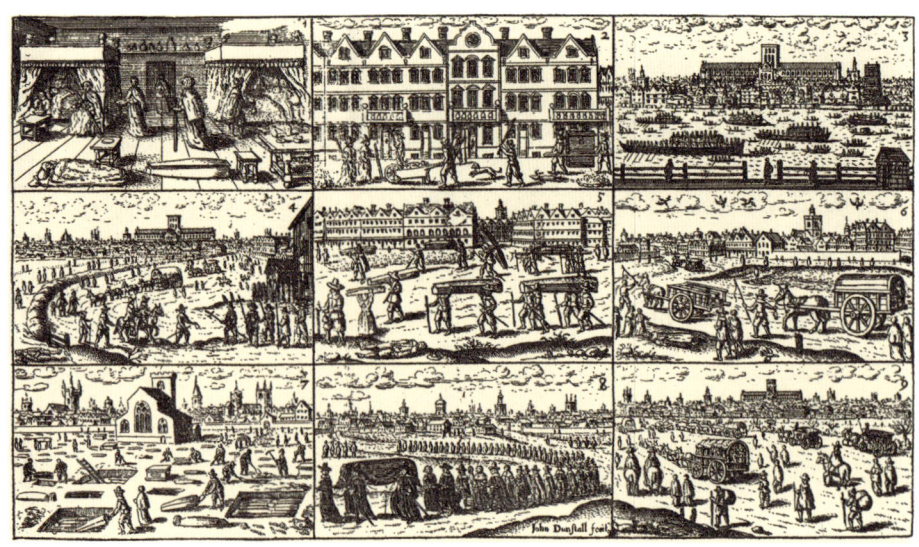

1665년에서 1666년 사이에 런던에서 유행한 페스트를 묘사한 그림

"그래. 나도 조금 전에 들었어. 마땅한 치료법이 없으니 학교로서도 어쩔 수 없었겠지."

"쉬는 동안 어떻게 할 셈이야?"

"글쎄, 일단 고향으로 내려가야 하지 않을까? 거기서 지금 하고 있는 연구를 계속할 생각이야. 위킨스, 너도 사람들이 많이 모여 있는 곳은 피하는 게 좋아."

"그래야지. 몸조심해, 아이작."

뉴턴은 얼마 안 되는 짐을 꾸려 곧바로 울스소프로 향했어요. 고향에 돌아온 뉴턴은 방 하나를 실험실로 꾸미기도 하고, 그동안 관여하지 못했던 집안일도 하면서 지냈지요. 물론 뉴턴이 가장 집중한 일은 역시 사색과 연구였어요. 뉴턴은 당시의 생활을 회고하면서 이런 글을 남기기도 했답니다.

> 페스트가 영국을 휩쓸었던 1665년부터 1666년까지 내 머리는 온통 새로운 생각들로 가득 차 있었다. 그 시절이 내 창조의 절정기였고 어느 때보다 더 철저하게 수학과 자연 철학에 전념할 수 있었다.

페스트의 유행이라는 비극적인 사건은 모순되게도 과학사에 길이 남을 위대한 업적의 출발점이 되었어요. 이 시기를 사람들은 '기적의 해'라고 불러요. 뉴턴이 이룬 위대한 업적 중 많은 부분이 이 시기에 싹트기 시작했답니다.

만유인력의 발견

"툭!"

1666년 어느 날, 잘 익은 사과 한 알이 뉴턴 앞에 떨어졌어요. 페스트를 피해 고향으로 돌아온 뉴턴은 울스소프의 집 뒤뜰 사과나무 아래에서 무언가에 대해 생각하는 일이 많았어요. 이날도 역시 이곳에서 사색에 빠져 있었어요.

발 앞까지 데구르르 굴러온 사과를 보고 뉴턴은 고개를

들어 사과나무를 무심코 바라봤어요.

'아, 벌써 사과가 익어 떨어지는 계절인가?'

그때 뉴턴의 머릿속에서 한 가지 엉뚱한 궁금증이 떠올랐어요. 그건 마치 사과가 떨어지는 것과 같은 갑작스러운 의문이었지요.

"왜 사과는 항상 땅으로 떨어지는 걸까? 왜 사과는 옆이나 위로 가지 않고 언제나 지구 중심으로 향하는 거지?"

이 시기에 뉴턴은 여러 가지 과학적 문제를 동시에 고민하고 있었어요. 그중 하나가 바로 '물체의 운동을 지배하는 힘은 무엇인가?' 하는 거였어요. 혼잣말을 중얼거리던 뉴턴의 뇌리에 무언가 번쩍하고 스쳐 지나갔어요.

"그래! 사과는 지구의 중력에 이끌려 땅으로 떨어진 게 아닐까?"

당시에 중력은 물체가 본래 지니고 있는 여러 가지 성질 중의 하나라고 생각했어요. 예를 들어, 아리스토텔레스는 중력이라는 개념을 설명하면서 무거운 물체는 우주의 중심인 지구 중심으로 가려는 경향이 강한 물체라고 했어요. 반면에 갈릴레이는 물체의 무게와 상관없이 모든 물체는 동시에 떨어진다고 주장했지요.

뉴턴의 생각은 연달아 새로운 생각으로 뻗어 나갔어요.

"그렇다면 사과보다 조금 더 높이 있는 물체도 중력의 영향을 받지 않을까? 그 물체보다 조금 더 높이 있는 물체는? 그보다 더 높이, 또 조금 더 높이 있는 물체는?"

뉴턴은 사과가 중력의 영향을 받는다면 사과보다 조금 더 높이 있는 물체도 당연히 중력의 영향을 받을 것이고, 이런 식으로 조금씩 거리를 늘여 간다면 하늘에 떠 있는 달도 지구의 중력에 영향을 받아야 한다고 생각하기에 이르렀어요. 뉴턴은 갑자기 가슴이 쿵쾅거리기 시작했어요.

"아리스토텔레스는 지상과 천상의 운동 법칙은 서로 다르다고 주장했어. 하지만 지금 내가 생각한 대로라면 이건 전혀 다른 결과잖아? 오, 이런! 어쩌면 내가 정말 엄청난 것을 발견한 걸지도 몰라!"

뉴턴은 정말 사과가 떨어지는 것을 보고 만유인력을 발견했을까?

▲ 뉴턴 생가의 사과나무

기자: 여기 사과나무에 대해 뉴턴에게 직접 이야기를 들은 세 분을 모셨습니다. 그때 상황을 자세히 말씀해 주시겠어요?

윌리엄 스터클리 (의사, 뉴턴 회고록 작가): 사과나무 그늘 아래에서 뉴턴 경과 이런저런 이야기를 하고 있을 때였어요. 뉴턴 경은 예전에 만유인력에 대해 연구할 당시에도 사과나무 아래에 앉아 있었다고 분명히 말씀하셨죠. 명상을 하기 위해 자리에 앉는 순간 사과가 떨어졌다고 말이에요.

콘듀이트 부인 (뉴턴의 조카딸): 뉴턴 삼촌이 시골로 돌아와 있던 1666년 어느 날, 나무에서 과일들이 떨어지는 것을 봤다고 하셨어요. 물체들 사이에 서로 끌어당기는 힘이 존재한다면 그 힘은 지구의 중심을 통과할 것이라는 생각이 그때 떠올랐다고 하셨죠.

존 코듀이트 (뉴턴의 조카사위): 뉴턴 숙부님은 정원에서 명상을 하면서 사과를 땅에 떨어지게 하는 힘이 땅으로부터 일정한 거리까지로 한정되지는 않을 거라는 생각을 하셨대요. 또한, 그 힘은 생각보다 훨씬 멀리까지 미칠 것이라는 생각도요. 숙부님은 중력의 범위가 달의 높이까지 미치지 못할 이유가 무엇이냐고 스스로에게 물었다고 하시더군요.

기자: 뉴턴은 당시 물체의 운동 법칙에 대해 계속 고민하고 있었기 때문에 주변의 모든 현상을 운동 법칙과 연관 지어 생각했을 것으로 추측할 수 있겠군요. 사과나무에서 떨어진 사과를 보고 만유인력의 모든 것을 생각해 낸 것은 아니겠지만, 적어도 그것으로부터 영감을 얻은 것은 틀림없는 것 같습니다.

뉴턴은 자리에서 벌떡 일어나 생각을 계속 이어 나갔어요.

"이런 식으로 생각하면 달을 경계로 서로 다른 운동 법칙을 따를 이유가 전혀 없어. 태양과 태양 주위를 도는 행성, 밤하늘에 빛나는 별들에 대해서도 같은 법칙이 성립해야 해!"

뉴턴은 사과가 나무에서 떨어지는 현상, 달이 지구 주위를 도는 현상이 모두 같은 힘 때문일 거라고 생각하고, 이 힘에 '만유인력'이라는 이름을 붙였어요. 만유인력(萬; 일만 만, 有; 있을 유, 引; 끌 인, 力; 힘 력)은 '만물에 존재하는 끌어당기는 힘'이라는 뜻이에요.

하지만 뉴턴은 한 가지 문제에 부딪혔어요.

"지구의 중력의 영향을 받은 사과는 땅으로 떨어지는데, 똑같은 힘을 받는 달은 왜 지구로 떨어지지 않는 걸까? 이 문제를 해결할 수 없다면 내가 생각한 건 반쪽짜리 이론일 뿐이야."

뉴턴은 이 문제를 해결하기 위해 사과가 땅에 떨어지는 이유부터 다시 차근차근 생각해 보았어요.

"갈릴레이가 말한 관성의 법칙에 따르면 옆으로 던진 사과는 계속 움직이려고 할 테니 저 멀리 우주로 곧장 날아가야 할 거야."

뉴턴은 사과를 옆으로 던져 보았어요. 사과는 날아가다가 이내 땅으로 툭 하고 떨어졌지요.

"하지만 사과는 아무리 세게 던져도 이렇게 땅으로 떨어지게 되어 있어. 그건 바로 만유인력의 작용 때문일 거야. 그렇다면 사과가 땅에 떨어지지

않고 달처럼 지구 주위를 돌게 하려면 어떻게 해야 할까?"

뉴턴은 이 문제를 더 자세히 탐구하기 위해 대포로 대포알을 발사한 경우를 생각해 봤어요.

"대포에서 발사된 대포알 역시 사과와 마찬가지로 포물선을 그리며 땅으로 떨어지겠지? 더 힘이 센 대포로 발사한 대포알은 더 큰 호를 그리며 땅으로 떨어질 거야."

뉴턴은 스스로에게 이런 질문을 던져 봤어요.

"그렇다면 지구 표면의 모양과 같은 거대한 호를 그릴 수 있을 정도로 힘이 센 대포로 대포알을 발사하면 어떻게 될까?"

뉴턴의 머릿속이 다시 한 번 반짝였어요. 그리고 무릎을 탁 치며 말했어요.

"이 경우엔 대포알은 지면에 닿지 않고 달과 같은 궤도로 지구 주위를 돌 수 있을 거야! 그러니까 달은 지구를 향해 영원히 떨어지고 있는 거였어!"

뉴턴은 만유인력이 작용하는 방식을 이해하는 데 한 걸음 나아간 느낌이 들었어요.

하지만 여기에 만족하지 않고 만유인력에 대한 생각을 거듭하면서 더욱 구체적이고 정교하게 다듬었어요.

"대포알이 충분한 힘을 받아 지구 주위를 돌면 원심력에 의해 밖으로 튕겨 나가려 할 거야. 하지만 중력이 더 세면 땅으로 떨어질 테고……."

뉴턴은 물체가 일정한 궤도를 그리면서 계속 회전할 수 있는 경우를 생각하다가, 달이 지구 주위를 일정한 궤도로 도는 현상은 공을 실에 묶어 머리 위로 빙글빙글 돌리는 경우와 비슷하다고 생각했어요.

"공을 잡아당기는 실의 힘과 공이 밖으로 날아가려는 힘이 같으면 공은 계속해서 원을 그리며 움직일 수 있어. 마찬가지로 달이 지구 주변 궤도를 계속해서 돌려면 달이 지구에서 멀어지려는 힘과 지구의 중력이 달을 끌어당기는 힘이 같으면 돼. 달이 지구 주위를 도는 건 원심력과 중력이 완벽한 균형을 이루고 있기 때문이 아닐까?"

여기까지 생각이 미치자 뉴턴은 수학 계산에 몰두하기 시작했어요. 천체의 움직임은 실험으로 증명할 수 없기 때문에 이를 수학으로 증명하기 위해서였지요.

"그래. 물체의 중심에서 멀어질수록 중력은 감소하는 거야. 그래서 달이 지구로 떨어지지 않고, 태양 주위의 행성들도 태양을 향해 곤두박질치지 않는 거지."

뉴턴은 물체의 중심에서 거리에 따라 중력이 감소하는 정도를 정확히 밝혀내고 싶었어요. 처음 떠오른 생각은 빛이 나아갈 때 광원에서의 거리의 제곱에 반비례해서 빛의 세기가 줄어든다는 것이었어요.

"중력도 마찬가지지 않을까?"

뉴턴은 중력의 세기가 물체 중심 사이의 거리의 제곱에 반비례한다는 가정을 바탕으로 케플러의 법칙을 유도하는 데 성공했어요. 이것은 뉴턴의 가정이 옳다는 것을 의미했지요. 즉, 두 물체 사이의 거리가 2배가 되면 그 사이에 작용하는 중력은 $\frac{1}{4}$로 줄어들고, 그 거리가 3배가 되면 그

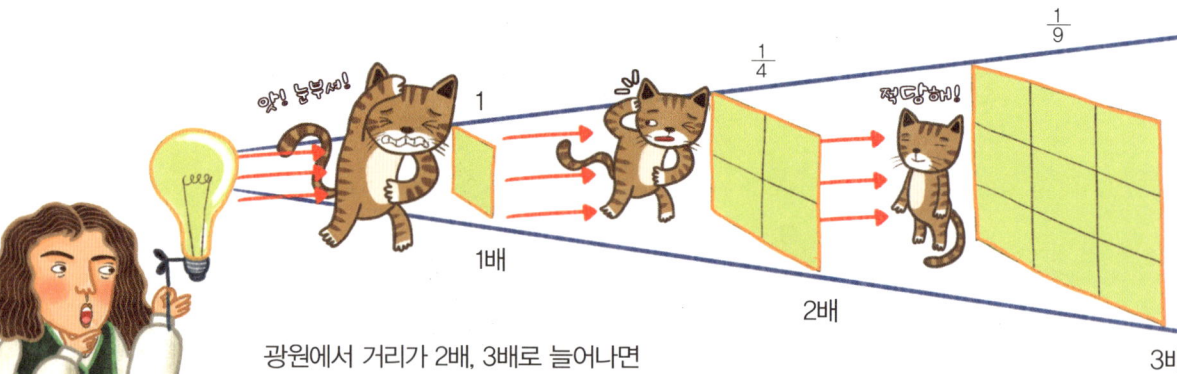

광원에서 거리가 2배, 3배로 늘어나면 동일한 빛을 받는 면적이 4배, 9배로 늘어나므로 빛의 세기는 $\frac{1}{4}$, $\frac{1}{9}$로 줄어든다.

사이에 작용하는 중력은 $\frac{1}{9}$로 줄어든다는 거예요.

 뉴턴은 깊은 사색과 직관으로 얻은 영감을 수학적으로 증명해 내는 성과를 거두었어요. 이때가 겨우 스물네 살 무렵이었죠. 하지만 뉴턴은 이런 엄청난 연구 결과를 20여 년 뒤 핼리라는 젊은 과학자가 찾아오기 전까지는 혼자서만 간직했답니다. 그건 아마도 자신의 새로운 이론에 대한 비판이 두려웠기 때문일 거예요.

 뉴턴은 이처럼 만유인력을 발견하고 증명하며 기존의 자연법칙을 뒤집는 새로운 법칙을 완성했어요. 아리스토텔레스로부터 이어져 오던 고대의 자연법칙을 완전히 새롭게 써 내려간 거예요. 이런 과학적 성과는 당시 사람들의 세계관과 우주관을 근본적으로 바꿔 놓은 계기가 되었답니다. 물론 이것은 뉴턴 혼자만의 성과는 아니에요. 2,000여 년이나 이어져 오던

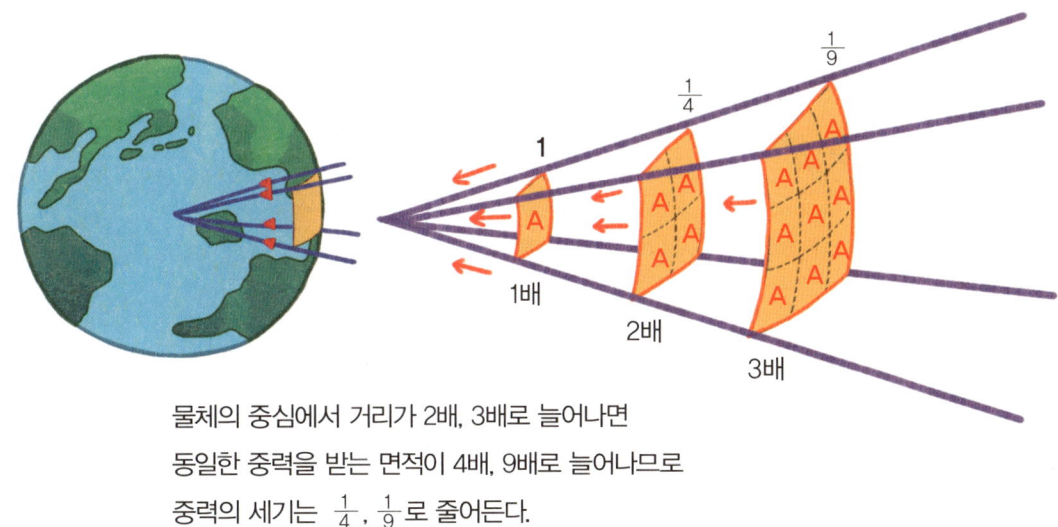

물체의 중심에서 거리가 2배, 3배로 늘어나면 동일한 중력을 받는 면적이 4배, 9배로 늘어나므로 중력의 세기는 $\frac{1}{4}$, $\frac{1}{9}$로 줄어든다.

아리스토텔레스의 사상에 도전한 코페르니쿠스와 케플러, 갈릴레이와 같은 자연 철학자들이 있었기 때문에 가능한 일이었지요.

뉴턴은 천상의 운동 법칙과 지상의 운동 법칙이 다르다는 생각을 버리고 우주 어디에서나 물체는 같은 법칙을 따라 움직인다는 것을 증명하기 위해 실험과 수학이라는 방법을 선택했어요. 그는 새로운 주제에 대해 연구를 시작할 때면 늘 이와 같은 방법을 사용했답니다. 먼저 그 주제에 대한 폭넓은 독서를 통해 문제를 파악하고, 기존의 연구 결과를 살펴봐요. 그리고 노트에 중요한 항목을 작성했어요. 그 후에 각 항목에 연관된 내용을 추가로 자세히 기록하고 자신이 읽은 책 내용에 대해 의문을 가졌지요. 뉴턴은 이러한 의문을 늘 머릿속에 담아두고 해결책을 찾기 위해 노력했지요. 이러한 태도가 있었기 때문에 인류 역사상 가장 위대한 과학적 성과를 거둘 수 있었답니다.

자연 철학자와 과학자

자연 철학자는 우주, 지구, 동·식물, 만물의 구성과 같은 자연에 대해 연구하고 그 원리를 알아내려고 했던 사람들이에요. 오늘날 과학자와 같은 뜻이지요. 자연 철학의 내용이 전문화되면서 1830년대에 케임브리지 대학교 수학자 휴엘이 '과학자'라는 말을 처음 제안했고, 이후 널리 사용되고 있답니다.

2,000년을 내려온 아리스토텔레스의 자연관

아리스토텔레스는 고대 그리스 철학자로 정치학, 경제학, 윤리학 같은 인문학뿐만 아니라 물리학, 천문학, 화학 같은 자연 철학 분야에서도 많은 연구를 한 사람이에요.

아리스토텔레스는 우주를 달 위 세계와 달 아래 세계로 나누고 각기 다른 자연법칙에 따라 운동이 일어난다고 생각했어요. 달 위 세계는 신성한 신들의 영역이라 생각했기 때문에 달과 태양 같은 천체는 완벽한 원운동을 하며 끊임없이 움직인다고 주장했어요.

반면 달 아래 세계는 미천한 동·식물이 사는 세계여서 달 위 세계와는 다르다고 생각했어요. 이곳의 물체는 직선을 따라 움직이며 힘을 주어야만 움직인다고 생각했지요. 또한, 우주의 중심은 지구이기 때문에 지면 근처의 물체는 지구의 중심을 향해 움직인다고 주장했답니다.

아리스토텔레스의 흉상

이러한 사상은 세계가 신이 관장하는 영역과 인간의 이성으로 파악할 수 있는 영역으로 나누어진다고 생각했던 중세 유럽의 종교관과도 잘 맞아떨어졌어요. 13세기 이탈리아의 철학자이자 신학자인 토마스 아퀴나스는 아리스토텔레스의 자연법칙과 기독교 사상을 통합해 자연 탐구에 대한 기본 구조를 확립했어요. 이렇게 종교적인 사상과 결합한 아리스토텔레스의 이론은 그 당시 누구도 의심할 수 없는 진리가 되어 오랫동안 살아남을 수 있었답니다.

운동의 법칙

뉴턴은 만유인력의 법칙과 함께 물체의 운동에 대해 일반적으로 적용할 수 있는 법칙을 정리하기 위해 노력했어요.

"물체가 움직이려면 무엇이 있어야 할까? 태양과 행성, 달과 혜성에만 적용되는 것이 아니라 일상생활에서 볼 수 있는 모든 물체의 운동을 설명할 수 있는 법칙을 찾아야 해."

당시 물체의 운동을 설명하는 이론은 아리스토텔레스의 생각을 따르고 있었어요. 아리스토텔레스는 물체가 운동 상태를 유지하려면 힘이 필요하다고 생각했어요. 즉, 손으로 벽돌을 밀 때 벽돌이 움직이는 이유는 힘이 작용하기 때문이라고 설명했어요. 마찬가지 이유로 벽돌에서 손을 떼면 힘이 작용하지 않기 때문에 벽돌이 멈춘다고 주장했지요. 뉴턴은 아리스토텔레스의 생각이 맞는지 곰곰이 생각해 보다가 갈릴레이의 실험을 떠올렸어요.

"하지만 갈릴레이는 힘이 작용하지 않아도 물체가 움직일 수 있다고 했어."

갈릴레이는 경사면을 따라 움직이는 물체의 움직임을 보고 '관성'을 생각해 냈어요. 예를 들어 볼까요? 마주 보고 있는 두 개의 경사면을 따라 움직이는 쇠 구슬은 마찰이 없다면 처음 물체가 출발한 높이까지 움직일 수 있어요(그림1). 만약 물체가 올라가는 쪽의 경사면 각도를 점점 낮추면 쇠 구슬의 이동 거리는 점점 길어지게 되지요(그림2). 그리고 오르막을 완전히 평평하게 만들면 쇠 구슬은 원래 높이에 도달할 수 없기 때문에 영원히 평면을 따라 움직일 거예요(그림3). 갈릴레이는 이러한 사고 실험을 통해 일단 움직인 물체는 힘이 없어도 움직일 수 있다는 결론을 내렸답니다.

뉴턴은 갈릴레이의 실험을 이용해 힘이 작용하지 않을 때의 운동을 설명했어요. 그러니까 **외부에서 힘이 작용하지 않으면 물체는 가만히 정지해 있거나 계속 그 상태로 운동하려고 한다는** 거예요. 이것이 바로 **관성의 법칙**

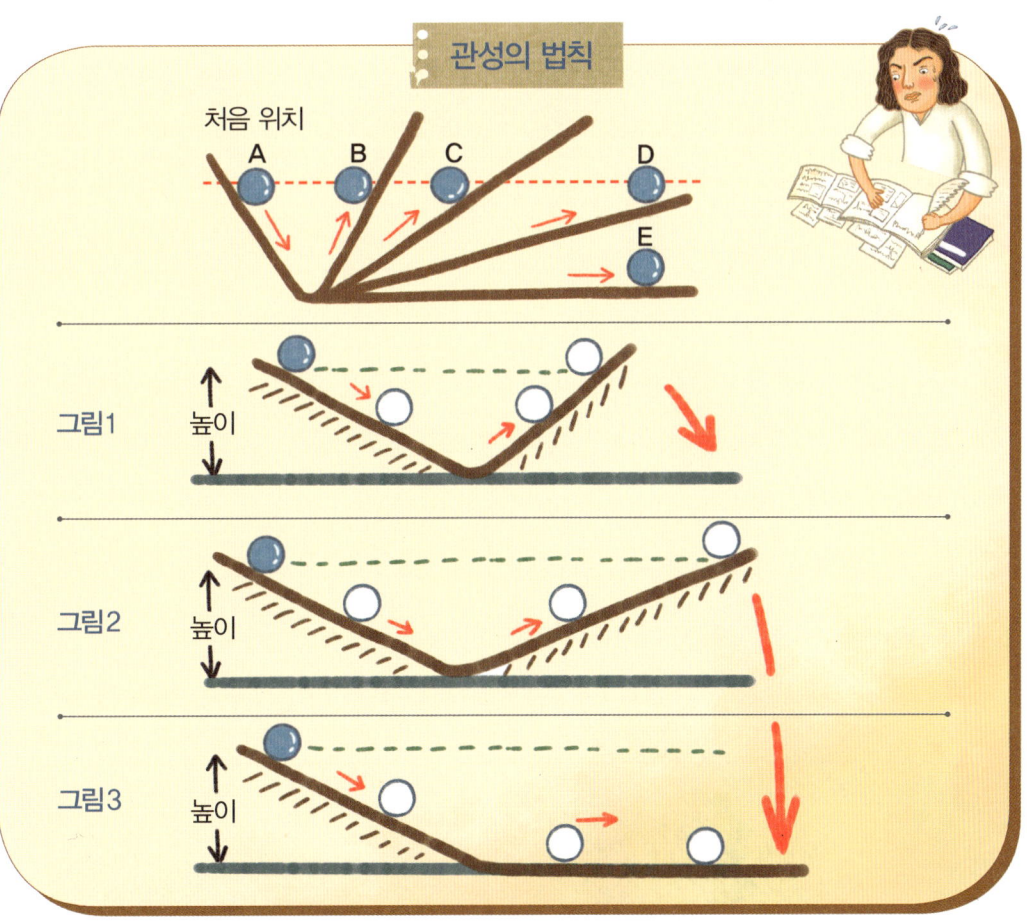

이라고도 불리는 **뉴턴의 운동 제 1법칙**이에요. 이 모든 것을 상식으로 알고 있는 지금이야 너무나도 당연한 이야기처럼 들리지만, 아리스토텔레스의 세계관이 지배한 당시에는 정말 놀라운 발견이었어요. 왜냐하면, 일상적인 상황에서는 마찰력 때문에 쇠구슬을 가만히 내버려 두면 결국은 멈추고 말 테니까요.

하지만 뉴턴은 제 1법칙만으로는 모든 운동을 설명할 수 없다는 것을 알고 있었어요.

"땅으로 떨어지는 사과나 지구 주위를 도는 달에는 중력이라는 힘이 작용하기 때문에 관성의 법칙이 성립하지 않아. 힘을 받는 물체는 어떤 법칙에 따라 움직일까? 혹시 힘과 물체의 속도 변화 사이에 어떤 관계가 있지 않을까?"

뉴턴은 이런 막연한 생각으로부터 또다시 연구를 시작했어요. 안타깝게도 실제로 뉴턴이 이것과 관련된 실험을 하였다는 기록은 남아 있지 않아요. 다만, 나중에 이 법칙을 발표할 때는 기하학을 이용해 이들의 관계를 증명했답니다. 하지만 간단한 실험을 통해 뉴턴이 어떤 생각을 했는지 짐작할 수는 있어요.

우선 질량이 같은 벽돌 두 개를 준비해서 하나는 약한 힘으로 밀고, 다른 하나는 강한 힘으로 밀었다고 생각해 보세요. 강한 힘으로 민 벽돌의 속도가 훨씬 많이 변하겠죠? 따라서 물체에 가한 힘이 셀수록 속도 변화가 커진다고 할 수 있어요. 이런 속도 변화는 가속도라고 부른답니다.

이번에는 질량이 서로 다른 벽돌 두 개를 준비해 같은 힘으로 밀었다고 생각해 보세요. 이 경우에는 질량이 가벼운 벽돌의 속도가 더 많이 변할 거예요. 그러므로 물체의 질량이 작을수록 가속도가 커진다고 할 수 있지요.

1. 질량이 같은 벽돌에 서로 다른 힘을 주는 경우

2. 질량이 서로 다른 벽돌에 같은 힘을 주는 경우

뉴턴은 이러한 결과를 정리해 힘 = 질량 × 가속도라는 유명한 공식을 만들었어요. 이것이 바로 뉴턴의 운동 제 2법칙이에요. 뉴턴은 1 kg의 물체가 1 m/s²의 가속도로 움직일 때의 힘을 1 N(뉴턴)으로 정했어요. 자신의 이름을 힘의 단위로 삼은 거예요.

가속도의 법칙이라고도 하는 운동 제 2법칙을 통해 뉴턴은 힘을 과학적으로 정의했어요. 이제 힘은 아리스토텔레스의 생각처럼 물체를 움직이는 데 필요한 것이 아니었지요.

"힘은 물체의 가속도, 다시 말해 물체의 운동 상태를 바꾸는 데 필요한 것이야. 물체에 힘을 주면 움직이는 물체를 멈추게 할 수도 있고, 정지해 있는 물체를 움직이게 할 수도 있어. 또한 빠르기나 방향도 바꿀 수 있지. 찰흙을 꾹 누르면 모양이 변하는 것도 힘 때문이야."

힘은 물체의 운동 상태를 변하게 하거나 모양을 변하게 할 수 있고, 이 둘을 동시에 변하게 할 수도 있어요. 뉴턴의 힘에 대한 정의는 오늘날에도 그대로 사용되고 있답니다. 뉴턴은 마지막으로 두 물체가 주고받는 힘에 대해서도 생각해 보았어요.

"손가락으로 돌을 누르면, 손가락이 눌리는 느낌이 들어. 이건 돌 역시 손을 누르기 때문이 아닐까? 이런 식으로 생각해 보면 지구가 달을 당기는 만큼 달도 지구를 당긴다고 생각할 수 있어."

뉴턴은 이것을 확인하기 위해 이번에도 간단한 실험을 했어요. 뉴턴은 작은 그릇 두 개를 준비해 놓고 한쪽에는 철을, 다른 한쪽에는 자석을 넣었어요. 그리고는 물이 든 커다란 통에 그릇 두 개를 서로 닿게 해서 띄웠지요.

가속도란?

가속도는 갈릴레이가 생각해 낸 물리 개념이에요. 집에서 잠을 자고 있는 사람이 있다고 생각해 보세요. 만약 지구 안에 있는 관찰자가 이 사람을 본다면 정지해 있는 것처럼 보일 거예요. 하지만 지구 바깥에서 이 사람을 바라보면 지구와 같은 일정한 속력으로 움직이는 것으로 보이겠지요? 이처럼 물체의 운동 상태가 같아도 관찰자의 위치에 따라 다른 운동으로 보일 수 있어요. 따라서 물체의 운동에서 중요한 것은 물체가 정지해 있는지 움직이는지가 아니라, '물체의 속도가 변하는지 변하지 않는지'라고 할 수 있어요. 이러한 이유로 갈릴레이는 가속도라는 개념을 생각해 냈어요.

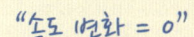

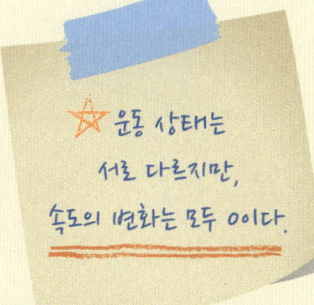

★ 운동 상태는 서로 다르지만, 속도의 변화는 모두 0이다.

자동차에는 가속 페달이 있어서 이 페달을 밟으면 자동차의 속력이 점점 빨라져요. 물체의 속도가 점점 빨라지는 경우에는 '가속(더할 가; 加)'하고 있다고 해요. 반대로 브레이크를 밟으면 자동차의 속도가 점점 줄어들지요. 이 경우는 '감속(줄 감; 減)'한다고 해요. 이처럼 물체가 가속 또는 감속하는 정도를 가속도라고 하지요. 물체의 속도가 변하는 경우 가속도로 물체의 속도 변화를 나타내면 편리하답니다.

 "만약 자석이 철을 끌어당기는 힘이 더 세다고 가정해 보자. 철 그릇은 자석 그릇 쪽으로 끌려가겠지? 서로 붙어 있으니 둘 다 자석 그릇 뒤쪽으로 밀려갈 거야. 자석의 끌어당기는 힘이 계속 작용할 테니 그릇들의 움직이는 속도가 점점 빨라지겠지."

 하지만 그런 일은 일어나지 않았어요. 그릇은 처음 놓인 곳에 그대로 머물러 있었지요. 뉴턴은 확신하며 외쳤어요.

 "자석이 철을 당기는 만큼 철도 자석을 당기는 거야. 두 힘의 크기는 같고 방향은 반대야!"

뉴턴은 이 법칙을 뉴턴의 운동 제 3법칙 또는 작용 반작용의 법칙이라고 이름 붙였어요. 이 법칙은 힘은 항상 쌍으로 작용하며, 작용과 반작용은 크기가 같고 방향이 반대라는 것을 나타낸 법칙이에요.

뉴턴은 이렇게 수학적인 방법을 통해 세 가지 운동 법칙을 밝혔어요. 이 법칙들은 버스가 갑자기 출발할 때 몸이 뒤로 쏠리는 이유(제 1법칙), 무거운 물체를 움직일 때 더 큰 힘이 필요한 이유(제 2법칙), 진공인 우주에서 로켓이 나아갈 수 있는 이유(제 3법칙) 등 여러 가지 물체의 움직임을 설명할 수 있는 원리로 오늘날까지 사용된답니다.

- 〈프린키피아〉, 드디어 세상 속으로
- 또 다른 수식어, 위대한 수학자
- 세계 최고의 연금술사

다양한 지식 융합

가장 큰 것부터 가장 작은 것까지 3

뉴턴은 만유인력과 운동의 법칙을 정리한 〈프린키피아〉를 내놓으며 세계적인 유명 인사가 되었어요. 이 책의 내용은 모두 수학적 증명을 토대로 구성되었지요. 또한, 미분법을 개발해 수학자로서도 인정을 받았어요. 오늘날에도 뉴턴은 '세계 3대 수학자' 중 한 명으로 불린답니다. 이외에도 뉴턴은 비밀리에 연금술을 연구하며 물질의 근원을 파악하려는 노력도 했어요. 뉴턴이 과학뿐만 아니라 수학과 연금술까지 연구한 이유는 무엇일까요?

〈프린키피아〉, 드디어 세상 속으로

"저 사람이 그 어려운 책을 쓴 뉴턴이야."

"도무지 무슨 내용인지 알 수 없더라고. 아마 자기 자신도 이해하지 못하고 쓴 걸지도 몰라."

"어쩌면 이 세상 그 누구도 이해할 수 없는 책 아닐까?"

뉴턴은 1687년 만유인력과 물체의 운동에 대한 연구 결과를 모아 〈프린키피아〉라는 책을 발표했어요. 〈프린키피아〉는 하늘에 있는 행성의 운동부터 우리가 사는 땅에 있는 모든 사물의 운동까지 하나의 원리에 의해 움직인다는 것을 자세하게 밝힌 책으로, 뉴턴의 업적 중 가장 중요한 것으로 인정받고 있어요. 하지만 처음 이 책이 발표되었을 때 사람들의 반응은 지금과는 사뭇 달랐어요. 책의 내용이 너무 어려웠기 때문이에요. 심지어 뉴턴이 직접 쓴 내용인지 의심하는 사람들까지 있었을 정도예요.

〈프린키피아〉는 천문학자 에드먼드 핼리와의 만남을 계기로 집필이 시작된 책이라고 할 수 있어요. 뉴턴이 어머니를 여의고 은둔 생활을 하며 연구에만 열중하고 있던 1684년 8월 어느 날이었어요. 에드먼드 핼리라는 젊은 천문학자가 뉴턴을 만나기 위해 케임브리지를 방문했지요. 핼리가 갑작스럽게 뉴턴을 찾아온 이유는 1684년 1월 런던의 한 커피숍에서의 토론 때문이었어요.

그날 핼리는 건축학자이자 천문학자인 크리스토퍼 렌, 자연 철학자 로

〈프린키피아〉는 어떤 책일까?

기자: 뉴턴 선생님, 〈프린키피아〉의 내용에 대해 간략히 소개 부탁드립니다.

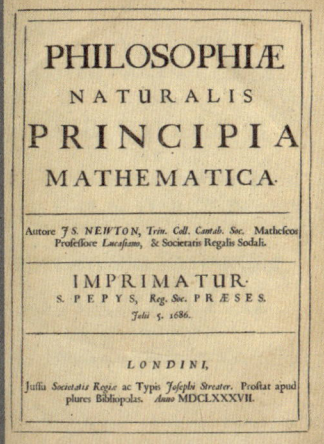
〈프린키피아〉 초판본 표지

뉴턴: 〈프린키피아〉는 세 권으로 이루어져 있어요. 1권은 마찰이 거의 없는 상태에서 물체의 운동을 다루면서 세 가지 운동 법칙을 소개하고 있지요. 2권은 유체 속에서 움직이는 물체에 작용하는 유체의 마찰 효과를 다루고 있어요. 3권은 행성을 비롯한 천체의 운동을 다루면서 만유인력을 소개하고 있지요. 또한 코페르니쿠스의 지동설이 갖는 문제와 케플러의 타원 궤도에 대해 수학적으로 증명했어요.

기자: 사람들이 이 책을 많이 어려워하는데 어떻게 생각하세요?

저는 가능한 한 기하학만을 이용해 여러 법칙을 설명하려고 노력했어요. 제가 개발한 유율법(미분법)을 사용하지 않은 것도 독자들의 수준을 고려했기 때문입니다. 그런데도 사람들이 어렵다고 하니 저로서도 조금 난감합니다.

기자: 〈프린키피아〉가 영국보다는 프랑스 등 외국에서 더 인기가 있었다고 하던데, 이유는 무엇인가요?

외국에서는 그 나라 언어로 번역되는 과정에서 좀 더 쉽게 풀어 써서 그런 게 아닐까요? 영국에서 출판된 〈프린키피아〉보다는 이해하기가 수월하다고 하더군요.

에드먼드 핼리의 초상화

버트 훅과 함께 행성의 궤도에 대해 열띤 토론을 하고 있었어요. 당시 천문학계의 가장 큰 관심사는 행성의 궤도를 어떻게 설명할 것인가 하는 것이었어요.

렌과 훅, 핼리 세 사람은 행성과 태양 사이의 인력은 그 둘 사이의 거리 제곱에 반비례한다는 것은 이미 알고 있었어요. 이것을 전제로 하면 각 행성의 공전 궤도는 케플러가 주장한 대로 타원이 된답니다. 하지만 문제는 이것을 수학적으로 증명할 방법을 아직 찾지 못했다는 거예요. 과학에서는 어떤 현상이나 이론을 증명하는 것이 무엇보다 중요하기 때문에, 이런 사실을 그냥 알고만 있는 것과 이것을 수학적으로 증명하는 건 하늘과 땅 차이예요. 영국의 자연 과학 학회인 왕립학회의 회장이기도 했던 렌은 이 문제를 가능한 한 빨리 해결하고 싶었어요.

"두 달 안에 확실한 증명 방법을 찾아오는 사람에게는 명예뿐만 아니라 아주 귀중한 책을 한 권 주겠소."

어느새 두 달이라는 시간이 훌쩍 지나갔어요. 예상대로 훅에게서 아무런 연락이 없었어요. 핼리는 5개월을 더 기다리다가 이 문제를 해결할 실

마리를 얻기 위해 수학자로 꽤 이름이 나 있는 뉴턴을 찾아왔어요.

뉴턴과 핼리는 2년 전 런던에서 딱 한 번 만난 적이 있을 뿐이지만, 다행히 뉴턴은 핼리를 따뜻하게 맞아 주었어요. 핼리는 프랑스에서 혜성을 관측하고 돌아온 직후였고, 뉴턴도 핼리가 관측한 혜성에 대한 연구를 어느 정도 해 둔 상태였기 때문에 둘은 대화가 잘 통했어요. 이런저런 이야기를 나누다가 마침내 핼리가 뉴턴을 찾아온 이유를 밝혔어요.

"뉴턴 교수님, 태양과 행성들 사이의 인력이 그 둘 사이의 거리 제곱에 반비례한다면 행성의 운동 궤도는 어떤 모양일까요?"

"물론 타원이지요."

뉴턴은 잠시도 망설이지 않고 바로 대답했어요.

"그걸 어떻게 증명하나요?"

"그야 계산해 보면 알 수 있지요."

뉴턴의 대답에 깜짝 놀란 핼리가 다시 물었어요.

"그렇다면 교수님의 계산법을 한 번 볼 수 있을까요?"

"물론입니다. 잠시만 기다리세요."

뉴턴은 산더미처럼 쌓인 종이를 뒤적여 보았지만, 과거에 했던 계산법을 끝내 찾아내지 못했어요.

"보시다시피 지금은 찾을 수 있는 상황이 아니군요. 대신 제가 나중에 다시 계산해서 런던으로 보내 드리겠소."

핼리는 뉴턴의 대답에 희망을 품고 런던으로 돌아왔어요. 하지만 시간이 지나도 뉴턴에게서는 아무런 소식이 없었어요.

사실 뉴턴은 이전에 사용한 계산법이 마음이 들지 않아서 새로운 수학적 방법으로 타원 궤도에 대한 문제를 푸느라 시간이 걸렸던 거예요. 뉴턴은 자신의 연구 결과를 다른 사람들이 비판할 수 없도록 완전무결하게 다듬고 싶었어요.

'이미 케플러는 행성의 궤도가 타원이라는 것을 밝혔어. 만약 내 공식으로부터 케플러 법칙을 유도할 수 있다면 더 이상의 반론은 없겠지.'

뉴턴은 행성의 운동과 힘의 관계를 수학적으로 완벽히 정리했다는 확신이 들자 핼리에게 연구 결과를 전달하기로 마음먹었어요. 뉴턴과 핼리가 만난 지 3개월이 지났을 무렵, 마침내 핼리는 뉴턴으로부터 9쪽짜리 논문 한 편을 받을 수 있었어요. 논문의 제목은 〈회전하는 물체의 운동에 대해〉였어요.

단숨에 논문을 읽은 핼리는 놀랍고 흥분된 마음을 가라앉히고 마차를 몰아 뉴턴을 만나러 갔어요. 뉴턴에게 논문 출판을 권유하기 위해서였어요. 뉴턴의 연구를 하루빨리 세상에 알리고 싶었던 핼리는 뉴턴의 논문을 손수 베껴 쓰고, 그것을 왕립학회에 발표하는 일까지 도맡았어요. 논문을 검토한 왕립학회는 출판에 드는 모든 비용을 부담하겠다며 나섰어요. 하지만 이 말은 두 달 뒤에 취소되었어요. 왕립학회의 재정이 바닥났기 때문이에요. 왕립학회는 핼리에게 비용을 부담해 달라고 부탁했고, 핼리는 이마저도 흔쾌히 받아들였어요.

뉴턴은 짧은 논문에 계속해서 새로운 이론과 아이디어를 붙여 나갔어요. 달이 지구 주위를 돌 때 볼 수 있는 불규칙한 움직임이나 중력을 측정하는 방법 같은 것들이었지요. 또한, 물과 같은 저항이 있는 물질 속에서 움직이는 물체에 관한 연구나 혜성의 궤도에 관한 내용도 담고 싶었어요. 뉴턴은 각각의 문제들을 깊이 연구하는 데 그치지 않고 하나의 법칙으로 모든 문제를 설명하는 방법을 찾을 때까지 집필에 매달렸지요. 뉴턴의 머릿속에는 책에 담고 싶은 새로운 내용이 꼬리에 꼬리를 물고 떠올랐고, 9쪽으로 시작된 논문 작업은 무려 18개월이나 계속되었답니다.

작업을 진행하는 동안 뉴턴은 하루에 네다섯 시간 정도만 자면서 모든 힘을 다 쏟아부었어요. 1686년 4월, 마침내 뉴턴은 책 일부를 왕립학회에 보낼 수 있었어요. 이 책의 원래 제목은 〈자연 철학의 수학적 원리〉였는데, 이를 줄여서 '원리'라는 뜻의 〈프린키피아〉라고 불러요.

핼리는 〈프린키피아〉의 원고를 받고 꼬박 석 달 동안 출판 작업에 매달렸어요. 뉴턴의 책을 출판하는 건 무척 힘든 일이었어요. 수식과 삽화가 많았기 때문이지요. 핼리는 인쇄소 두 곳을 오가며 작업 과정을 조정하고 감독하는 일도 직접 맡았어요. 〈프린키피아〉는 핼리의 헌신적인 도움으로 무사히 출판되었고, 발간 즉시 학계와 대중의 관심을 동시에 받으며 대성공을 거두었답니다.

뉴턴은 〈프린키피아〉에서 사과가 땅으로 떨어지는 이유, 달이 지구 주위를 공전하는 이유, 행성의 공전 궤도가 타원인 이유를 만유인력의 법칙을 이용해 설명했어요. 이 외에도 원인이 밝혀지지 않았던 현상들을 만유인력을 이용해 설명하고 있는데, 대표적인 것이 바로 '세차 운동'과 '밀물과 썰물'에 관한 것이었어요.

세차 운동이란 **지구의 자전축이 팽이 축의 끝부분처럼 원을 그리며 빙그르르 도는 현상**을 말해요. 이 현상은 기원전 2세기경부터 관측되었지만 아무도 그 이유를 설명하지는 못했어요.

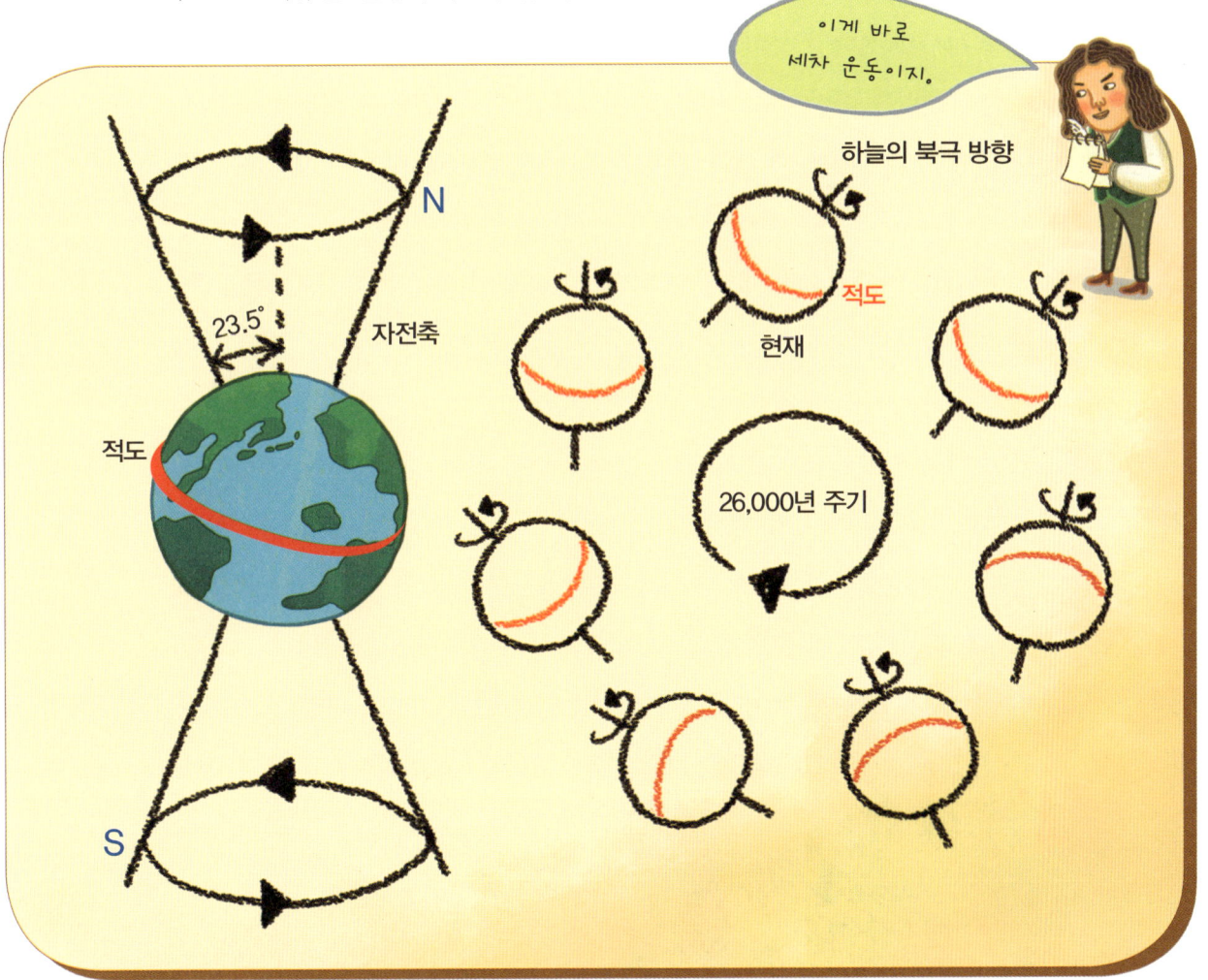

뉴턴은 세차 운동을 설명하기 위해 먼저 지구를 비롯한 행성들의 모양이 타원이라는 것을 밝혔어요. 뉴턴은 행성의 모양이 북극과 남극 쪽은 약간 평평하고 적도 쪽은 약간 볼록하다고 주장했어요. 즉 극반지름에 비해 적도 반지름이 조금 더 큰 회전 타원체 모양이라는 거예요.

이렇게 지구와 달은 완전한 구형이 아니기 때문에 두 천체는 서로의 중심에서 약간 벗어난 곳을 잡아당기게 돼요. 따라서 지구의 자전축이 똑바로 서서 회전하지 못하고 팽이처럼 기울어서 돌게 되는 것이지요. 뉴턴은 만유인력을 바탕으로 지구의 자전축이 완전히 한 바퀴 도는 데 26,000년이 걸린다는 것을 계산해 냈어요. 이는 컴퓨터로 정확히 계산한 값(약 25,800년)과 거의 차이가 없을 정도로 정확했어요.

밀물과 썰물 역시 세차 운동과 마찬가지로 누구나 아는 현상이었지만 그 원인을 정확하게 설명하지 못했어요. 뉴턴은 이 수수께끼와 같은 현상에 대해서는 다음과 같은 결론을 내렸어요.

"바다의 밀물과 썰물은 태양과 달의 인력에 의해 일어나는 현상이야."

밀물에 의해 하루 중 해수면의 높이가 가장 높을 때를 만조라고 하고, 반대로 썰물에 의해 하루 중 해수면이 가장 낮아졌을 때를 간조라고 해요. 만조는 달을 마주한 쪽과 그 반대쪽에서 동시에 일어난답니다. 달과 지구가 마주 보는 쪽은 바닷물을 끌어들이는 달의 인력이 가장 크기 때문에 만조가 일어나고, 반대쪽에서는 달의 인력은 약해지지만 지구의 원심력이 크게 작용하기 때문에 만조가 일어나지요. 그리고 만조 지역으로 바

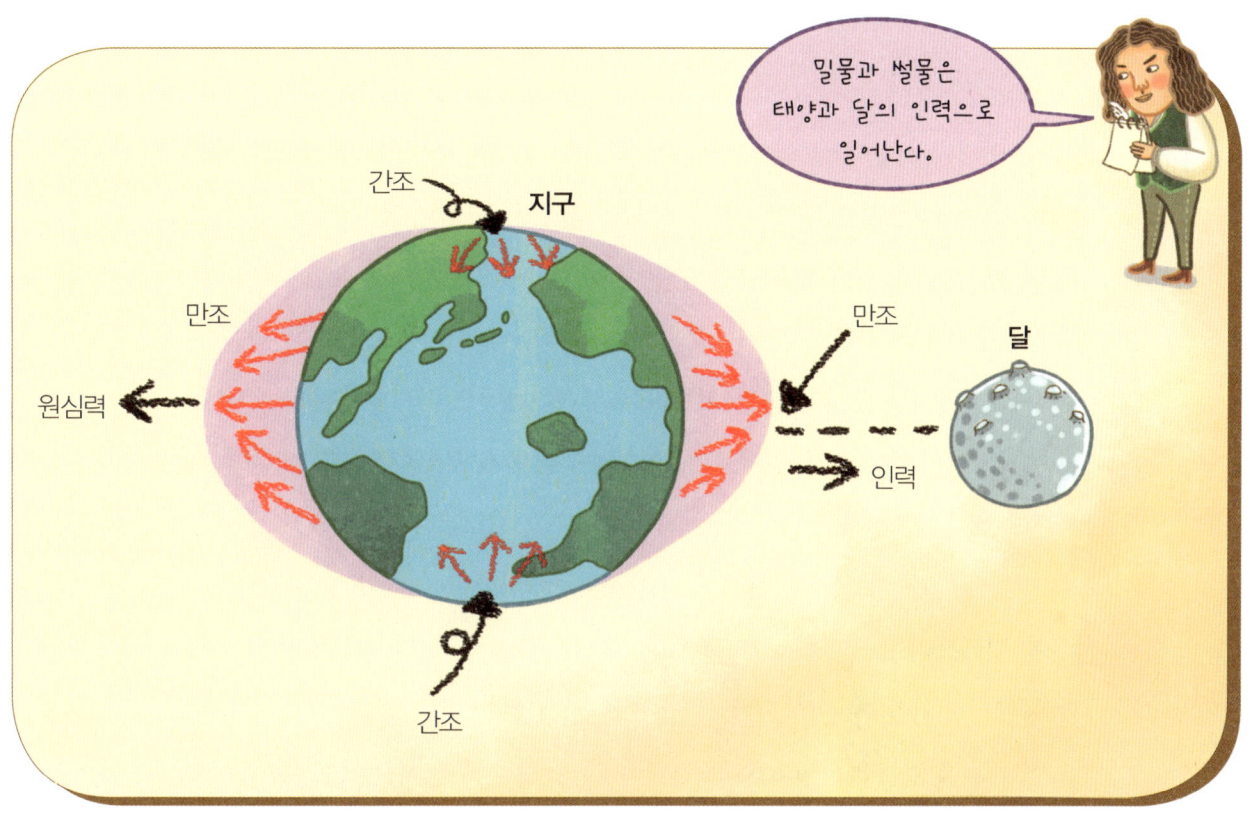

 닷물이 끌려가면 달의 방향과 수직인 곳에서는 간조가 일어나게 되는 거예요.

 뉴턴의 계산은 지역에 따른 *조석의 차이를 정확하게 맞출 수 있을 정도로 정확하지는 않았어요. 하지만 밀물과 썰물이 생기는 이유를 만유인력을 이용해 설명했다는 점에서 또 하나의 성과를 거둔 것으로 평가받고 있어요.

***조석** 해수면이 주기적으로 높아졌다 낮아졌다 하는 현상.

〈프린키피아〉는 처음에 총 650부가 출간되었고, 서점에 진열되는 즉시 다 팔렸어요. '케임브리지의 은둔자'였던 뉴턴이 마침내 영국에서 가장 유명한 사람이 된 순간이에요.

〈프린키피아〉는 매우 인기 있는 책이었지만, 앞서 이야기했듯이 책을 읽은 사람들은 그 내용이 너무 어렵다고 투덜거렸어요. 사실 뉴턴은 〈프린키피아〉를 일부러 어렵게 썼다고 비밀스럽게 밝히기도 했어요. 그 이유에 대해서는 친구에게 지나가는 말로 이렇게 털어놓았지요.

"수박 겉핥기식으로 수학을 아는 사람들에게 논쟁거리가 되는 것을 피하기 위해서라네."

물론 〈프린키피아〉가 도달한 과학적 업적과 그 가치를 제대로 이해한 사람들도 있었어요. 핼리는 〈프린키피아〉의 서문에서 '뉴턴에게 바치는 노래'라는 시를 지어 깊은 존경의 마음을 표현했어요. 특히 시의 마지막 부분에서는 뉴턴이 〈프린키피아〉를 통해 신이 자연을 창조한 원리를 밝혔다는 것에 대해 이렇게 표현하기도 했답니다.

"그는 누구보다도 신에게 가까이 다가갔다네."

험프리 바빙턴 교수도 뉴턴의 업적을 제대로 이해한 사람 중 한 명이었어요. 바빙턴 교수는 클라크 씨 부인의 오빠로 트리니티 칼리지의 명예 교수였어요. 그는 뉴턴에게 매우 친절했고 뉴턴이 트리니티 칼리지에 입학할 때도 많은 힘을 보태 준 사람이었지요.

"〈프린키피아〉의 일부라도 이해하려면 학자라 하더라도 7년은 족히 걸릴 것이다."

바빙턴 교수는 이 말로 〈프린키피아〉의 수준 높은 내용은 일반인들은 이해하기 어려우며, 학자들에게도 결코 쉬운 일은 아니라는 것을 강조했어요. 그리고 스코틀랜드의 유명한 수학 교수인 데이비드 그레고리는 뉴턴에게 편지를 써 이런 찬사를 보냈어요.

"당신은 현재뿐만 아니라 미래의 수학자와 과학자들에게도 존경받을 만한 일을 해냈습니다."

그야말로 〈프린키피아〉는 대성공을 거둔 거예요!

또 다른 수식어, 위대한 수학자

뉴턴은 물체의 운동 법칙을 다루는 '역학'과 빛의 성질을 연구하는 '광학'이라는 자연 철학의 양대 산맥에서 큰 업적을 남겼어요. 그가 이런 성공을 거둘 수 있었던 이유 무엇일까요? 그건 바로 뉴턴이 그 누구보다 뛰어난 수학 실력을 갖추고 있었기 때문이에요. 뉴턴은 자신이 만든 운동 법칙을 모든 이에게 이해시키려면 반드시 수학적으로 증명할 수 있어야 한다고 생각했어요.

"수학적으로 증명된 이론에는 그 누구도 반론을 제기할 수 없지."

앞서 이야기했듯이 뉴턴이 처음으로 수학을 접한 것은 그랜섬의 킹스 스쿨에서였어요. 뉴턴은 이곳에서 산수와 기하학의 기초를 닦았지요. 뉴턴은 케임브리지 대학의 트리니티 칼리지에서도 수학 공부를 게을리하지 않았답니다. 케임브리지 대학교의 교육 과정은 수학을 비중 있게 다루지는 않았어요. 뉴턴이 입학한 지 1년 뒤에야 수학 석좌 교수 제도가 만들어졌고, 1664년이 되어서야 아이작 배로 교수가 그 자리에 앉았거든요. 뉴턴은 즉시 배로 교수의 수학 강의를 수강하기 시작했고, 한편으로는 독학으로도 공부를 계속했답니다.

사실 뉴턴이 본격적으로 수학을 공부하려고 마음먹은 계기는 천문학 때문이었어요. 대학생 시절, 뉴턴은 여느 때처럼 스타워브리지 시장에 구경을 갔어요. 거기서 뉴턴은 천문학책을 한 권 구입했어요.

"이 책 꽤 재밌겠는걸? 공부에 많은 도움이 되겠어."

하지만 뉴턴의 생각과는 달리, 이 책에는 알 수 없는 내용들로 가득했어요. 천체를 설명하는 그림에 나온 삼각법 때문에 그 내용을 전혀 이해할 수 없었어요.

"아무래도 안 되겠어. 이 책을 이해하려면 삼각법 공부부터 해야겠어!"

다음날 뉴턴은 삼각법 관련 책을 사서 처음부터 천천히 읽어 나갔어요. 하지만 이 책 역시 어렵기는 마찬가지였어요. 삼각법을 이해하기에는 뉴턴의 기본 수학 실력이 턱없이 부족했어요.

"음, 좀 더 기초적인 책부터 시작하는 게 좋을 것 같아."

뉴턴은 고대 기하학자인 유클리드의 책을 찾아 읽었어요. 다행히 앞부분은 뉴턴이 이해할 수 있을 정도로 쉬웠어요. 하지만 뒤로 갈수록 내용이 어려워졌어요.

"내가 유클리드를 너무 과소평가했나 보군. 몇 번을 읽어서라도 꼭 이해하고 말 테야."

뉴턴은 유클리드의 책을 두세 번 정도 읽고 완벽히 이해한 다음, 윌리엄 오트리드의 〈수학의 기초〉, 르네 데카르트의 〈방법서설〉 등 좀 더 어려운 내용이 담긴 책으로 공부하기 시작했어요.

"이거 상당히 어려운데? 하지만 여기서 포기할 순 없지. 한 단계 한 단계 짚어 가면서 내용을 완전히 이해하고 넘어가겠어."

뉴턴은 수학 공부를 하면서 새로운 내용이 나오면 앞으로 돌아가 관련된 내용을 몇 번이고 읽고 또 읽으면서 공부를 했어요. 이런 노력 때문일까요? 뉴턴은 18개월도 안 되어서 그 시대를 이끌었던 수학자들의 책을 모두 읽고 완전하게 자기 것으로 만들었답니다. 밤낮으로 공부하는 뉴턴의 모습을 지켜본 한 친구는 이렇게 말하기도 했어요.

"뉴턴은 남의 가르침 없이도 그 부분을 완벽하게 이해할 때까지 다시 읽고 공부하기를 반복했습니다."

사실 뉴턴은 수학뿐만 아니라 대부분의 연구를 혼자서 진행했어요. 훗날 사람들이 나이가 든 뉴턴에게 위대한 발견을 한 비법에 관해 물으면 뉴턴은 한결같이 이렇게 대답했답니다.

"침묵과 끊임없는 명상의 결과로 진리에 다가설 수 있었습니다."

1665년부터 1667년까지 고향 울스소프에 머무는 동안 뉴턴이 첫 번째로 몰두한 연구 역시 수학이었어요. 뉴턴에게 수학은 운동 법칙의 정립과 광학 연구보다도 우선이었지요. 뉴턴은 케임브리지를 떠나기 전에 완성한 논문을 울스소프에서 더욱 발전시켜 1666년 말까지 두 편의 논문을 더 작성했어요. 그는 이 논문에서 '유율법'이라는 것을 다루고 있어요. 유율이란 변화율이라는 뜻으로, 오늘날에는 미분법이라고 불려요.

뉴턴이 유율법을 개발한 이유는 기존의 수학으로는 표현할 수 없는 값을 구하기 위해서였어요.

"물체의 속도를 구하려면 정해진 시간 동안 물체의 위치 변화를 나타낼 수 있어야 해. 물체의 속도가 일정한 경우에는 기존의 대수학이나 기하학으로 쉽게 풀 수 있어. 하지만 지구의 중력을 받는 물체는 매 순간 속도가 계속 변해. 이럴 경우에는 기존의 방법은 아무런 쓸모가 없어. 뭔가 새로운 방법이 필요해."

고민을 거듭하던 뉴턴은 한 가지 좋은 생각이 떠올랐어요.

"그래! 곡선을 매우 잘게 나누면 나누어진 부분은 직선과 비슷해져. 이걸 속도 변화에 적용해 보면 어떨까? 그러니까 속도가 계속 변하는 물체의 운동을 0에 가까울 정도로 짧은 시간 간격으로 나누어 생각하면 그동안 물체의 속도는 거의 일정하다고 볼 수 있어. 바로 이거야!"

뉴턴은 자신이 개발한 방법에 유율법이라는 이름을 붙였어요. 유율법 발견에 들뜬 뉴턴은 당시 가까운 곳에 살던 험프리 바빙턴 교수를 찾아갔어요. 수학적 과제를 풀어낸 뉴턴은 몹시 흥분해서는 자신이 유도한 과정을 적은 종이를 바빙턴에게 불쑥 내밀었어요.

"교수님, 여기 제가 새롭게 개발한 방법 좀 봐 주세요."

바빙턴 교수는 뉴턴의 유율법을 검토해 보고 크게 감탄했어요.

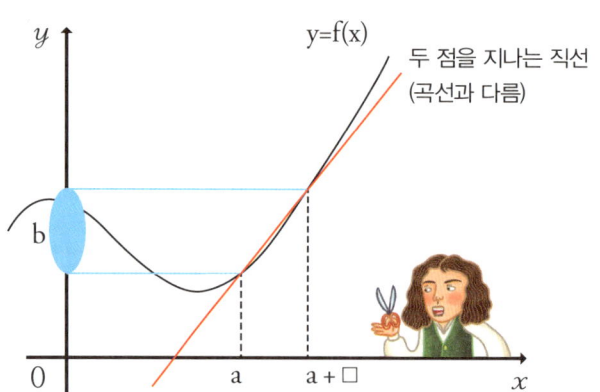

"놀랍군! 이런 방식을 생각해 내다니, 이건 수학계에 일대 혁신을 불러올 엄청난 발견일세."

그리고 고개를 절레절레 흔들며 이렇게 덧붙였어요.

"잠깐, 자네 이렇게나 자세하게 계산을 했나? 어디 보자. 하나, 둘, 셋……. 무려 소수점 아래 55자리까지 계산을 했구먼. 허허."

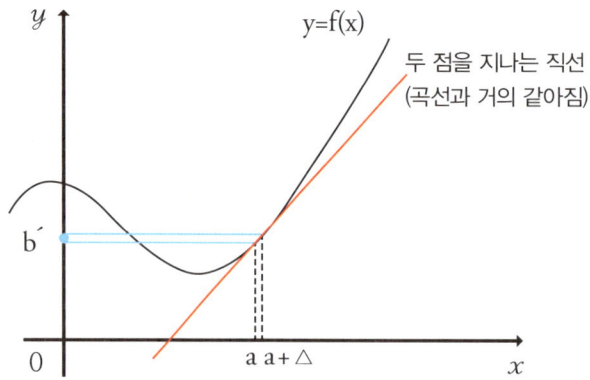

"최대한 0에 가까운 값을

구하려고 그렇게 계산을 했어요. 여백이 더 있었다면 100자리까지도 계산했을 거예요."

"이 결과를 빨리 학계에 알리는 것이 어떤가? 다른 수학자들에게 많은 도움이 될 걸세."

"음, 꼭 발표할 필요가 있을까요? 저는 이걸 스스로 증명했다는 것만으로도 만족하는걸요."

뉴턴은 이렇게 대답하고 실제로도 발표하지 않았어요. 하지만 이것이 나중에 화근이 될 줄은 꿈에도 몰랐을 거예요. 그날로부터 약 30년이 지난 1699년, 독일의 수학자 고트프리트 라이프니츠는 독자적으로 미분법을 개발해 논문을 발표했어요. 이 논문은 수학계에 혁명이었지요. 하지만 이때부터 뉴턴과 라이프니츠 사이에 누가 최초의 미분법 개발자인지를 놓고 길고 긴 논쟁이 시작되었답니다.

영국 왕립학회의 특별 위원회에서는 분쟁을 해결하기 위해 판결을 내려야만 했어요. 당시 뉴턴은 왕립학회의 회장이었기 때문에 아무래도 판결은 뉴턴에게 유리할 수밖에 없었어요. 결국 최초의 미분법 개발자는 뉴턴으로 판결이 났지요. 하지만 그것과는 별개로, 오늘날의 미분법의 계산법과 표기법은 더욱 간단한 라이프니츠의 방법을 따르고 있어요.

뉴턴의 수학 실력은 나이가 들어서도 여전했어요. 뉴턴은 1696년부터 케임브리지를 떠나 런던 조폐국 일을 하기도 했어요. 업무에 몰두하며 지내던 1697년 1월 그는 묘한 편지 한 통을 받았어요. 편지 봉투에는 '요한

베르누이로부터'라고 적혀 있었지요. 요한 베르누이는 스위스 바젤 대학교의 유명한 수학 교수였어요.

"베르누이 교수가 무슨 일로 나에게 편지를 보낸 걸까?"

뉴턴은 즉시 편지를 뜯어보았어요. 편지에는 두 개의 수학 문제만 덩그러니 적혀 있었어요. 하나는 무거운 물체를 떨어뜨릴 때 관찰할 수 있는 궤도에 관한 문제였어요. 이 문제는 6개월 전에 한 과학 잡지에 소개되었지만, 지금까지 그 누구도 풀지 못한 문제였답니다. 그리고 두 번째 문제는 그보다 훨씬 더 복잡했는데, 수학자로 명성이 높은 라이프니츠만 풀었을 뿐 아직 해법이 공개되지 않은 문제였지요.

뉴턴은 편지를 보자마자 눈을 반짝이며 수학 문제에 매달렸어요. 그때 시계는 오후 4시쯤을 가리키고 있었어요. 뉴턴은 노트에 필기를 하며 문제에 빠져들었답니다. 그때 하인이 방문을 두드리고 말했어요.

"주인어른, 저녁 드실 시간이에요."

뉴턴은 뒤도 돌아보지 않고 말했어요.

"오늘 저녁은 생략하도록 하지. 오랜만에 무척 재미있는 일을 하고 있으니까 말일세."

방에는 사각거리는 펜촉 소리만 들릴 뿐 고요한 정적이 흘렀어요. 시간이 갈수록 노트는 숫자와 기호로 빽빽하게 채워졌고 마침내 뉴턴은 펜을 놓았어요.

"드디어 끝났군."

얼마쯤 시간이 흘렀을까요? 그때 새벽 4시를 알리는 시계 소리가 들렸어요. 뉴턴은 12시간 만에 두 문제를 모두 해결한 거예요!

"이 편지를 왕립학회에 보내 주게."

뉴턴은 해답을 적은 편지를 하인에게 건넸어요. 편지에는 이런 말이 덧붙여져 있었어요.

'과학 잡지 〈생각의 교환〉에 실어 주시오. 그리고 이름은 밝히지 말아 주시오.'

〈생각의 교환〉은 과학이나 수학 분야에서 새롭게 밝혀낸 사실들을 담아 정기적으로 발간하는 매우 유명한 학술 잡지였어요. 몇 주 뒤에 〈생각의 교환〉이 나오자 수학자들은 모두 놀라움을 금치 못했어요. 그중 가장 놀란 사람은 바로 뉴턴에게 짓궂은 편지를 보낸 베르누이였지요.

고트프리트 라이프니츠 (1646년~1716년)

라이프니츠는 독일의 학자로 수학 이외에도 철학, 법학, 신학, 언어학, 역사학 등 다양한 방면에 업적을 남겼어요. 라이프니츠는 14살에 대학에 입학할 정도로 어린 시절부터 천재로 인정을 받았어요. 현재 사용하는 미분, 적분 기호를 창안했고 사칙 연산을 할 수 있는 계산기를 발명하기도 했어요. 물리 분야에서는 에너지의 보존을 예견하기도 했답니다.

"정말 놀랍군! 발톱만 봐도 사자란 걸 금세 알 수 있겠어!"

뉴턴은 대부분의 수학자가 엄두도 내지 못한 문제를 단 12시간 만에 해결하는 놀라운 수학 실력을 보였어요. 이때는 뉴턴이 수학자로서 연구에 몰두하던 시기도 아니었어요. 이에 베르누이는 뉴턴을 사자에 비유하며 그의 실력에 경의를 표했답니다.

한편, 뉴턴이 해결한 문제는 매우 중요한 것이었어요. 이에 프랑스 과학 아카데미에서는 1699년 뉴턴에게 외국인 회원 자격을 부여하기도 했어요. 뉴턴의 국제적인 명성이 다시 한 번 확인되는 순간이었답니다.

세계 최고의 연금술사

뉴턴은 과학자이자 수학자로 널리 알려져 있지만, 사실 가장 오랜 시간 공들여 연구한 분야는 연금술이었어요. 뉴턴이 연금술 연구에 몰두한 이유는 평생을 두고 추구한 주제인 '진리의 탐구'와도 밀접한 관계가 있어요.

뉴턴이 처음으로 연금술에 관심을 가지기 시작한 건 그랜섬의 클라크 씨 집에서 하숙 생활을 하던 시절이었어요. 약제사였던 클라크 씨 집에는 조그만 실험실이 있었어요. 그때는 약을 만드는 공장이 따로 없었기 때문에 약제사들은 필요한 약을 직접 만들어 사용했거든요. 뉴턴은 틈이 날 때마다 클라크 씨를 도우며 여러 가지 물질로 약을 만드는 것을 주의 깊게 관찰했고, 이를 기록으로 남겨 두기도 했어요.

뉴턴 VS 라이프니츠

라이프니츠: 뉴턴 교수님. 제가 미분법을 최초로 개발한 것을 인정하시죠.

뉴턴: 무슨 소리 하는 건가? 내가 20대 때 미분법을 개발해 두었다는 건 자네도 잘 알고 있지 않은가? 다만 발표를 하지 않았을 뿐이야. 자네도 내가 쓴 미발표 논문을 본 적이 있을 거야.

라이프니츠: 예. 편집장인 존 콜린스 씨가 보여 준 적은 있습니다. 하지만 제가 본 부분은 미분법과 아무 연관이 없는 부분이었어요.

뉴턴: 그렇다면 스위스의 수학자 파시오 드 듈리에르가 쓴 글들을 찾아보게. 모두 내가 미분법의 최초 창안자라고 인정하고 있네. 두 번째 발견자는 아무 말이 없는 법이야.

라이프니츠: 선생님이야말로 유율이라는 말을 사용하고 있지만, 제가 개발한 미분법과 전혀 다르지 않다는 점을 인정하셔야 합니다. 선생님의 유율법은 특수 기호를 사용해 제 아이디어를 교묘하게 바꾼 것에 불과하잖아요. 제 방법은 다른 수학자들이 쉽게 이용할 수 있게 고안되었다고요.

뉴턴: 그래서 자네가 원하는 게 뭔가?

라이프니츠: 공정한 판결을 원합니다.

뉴턴: 좋네. 영국 왕립학회에 특별 위원회를 소집해서 이 지겨운 싸움을 끝내도록 하지.

판결: 뉴턴 WIN!

> 클라크 아저씨의 작업을 옆에서 지켜보았다. 커다란 막자사발에 아보카도를 넣고 잘게 으깬다. 여기에 회분을 조금 넣으면 걸쭉해진다. 상처 회복에 좋은 허브를 추가한다. 이름을 알지 못하는 액체와 가루들을 첨가하고 잘 섞는다. 열과 연기가 조금 나는가 싶더니 옅은 노란색을 띤 걸쭉한 연고가 완성되었다.

또 뉴턴은 존 베이트의 〈자연과 예술의 신비〉라는 책에 나오는 염료와 치료법에 대한 설명을 노트에 옮겨 적으면서 연금술에 대한 관심의 싹을 조금씩 키웠어요.

"정말 굉장해! 눈에 보이지 않는 물질들이 서로 반응해서 새로운 물질을 만들다니……. 이건 신기하다는 말로는 부족한걸?"

뉴턴의 마음속에 있던 싹에 물과 영양분을 준 것은 대학에서 읽은 책들이었어요. 특히 뉴턴은 기원전 5세기 말부터 기원전 4세기 초까지 활약한 고대 그리스의 자연 철학자 데모크리토스의 주장을 접하면서 물질의 성질과 연금술에 본격적인 관심을 가지게 되었답니다. 데모크리토스는 물질이 더 이상 쪼개지지 않는 입자인 원자로 구성되었다고 생각했어요. 우리 주변의 물체부터 태양처럼 큰 천체까지 모두 같은 물질로 이루어져 있으며, 다만 크기와 무게와 모양이 다를 뿐이라는 거예요.

"그래. 모든 물질은 원자로 구성되어 있어. 아마 원자는 눈으로 볼 수 없을 정도로 작을 거야."

1666년 뉴턴은 물질의 반응에 대한 책을 찾아보다가 우연히 로버트 보일의 〈회의적인 화학자〉라는 책을 읽었어요. 이 책은 물질의 반응과 화학 변화를 좀 더 과학적인 기반에서 연구한 책이에요.

"바로 이거야!"

이 책을 매우 인상 깊게 읽은 뉴턴은 훗날 보일과 만나 연금술에 대한 지식을 깊이 교류하는 친구이자 동료가 되었답니다.

뉴턴의 물질에 대한 관심은 시간이 지나면서 자연스럽게 연금술 연구로 이어졌어요. 뉴턴이 얼마나 연금술에 관심이 많았는지는 뉴턴이 가지고 있던 책만 봐도 알 수 있답니다. 뉴턴이 죽었을 때 가지고 있던 책은 약 2,000권이었는데, 이 중 169권이 연금술에 관한 책이었어요. 뉴턴은 아마도 그가 살던 시대까지 누적된 연금술 관련 책을 가장 광범위하게 수집한 사람이기도 할 거예요.

1669년 가을이었어요. 27살의 뉴턴은 그동안 생각했던 실험을 직접 해 보기 위해 버너와 몇 가지 재료를 구입했어요. 그는 실험실까지 따로 마련해 두고 험프리 뉴턴을 조수로 고용했어요. 1673년에는 아예 헛간이 달린 방으로 이사해서 헛간을 실험실로 사용했어요.

"교수님이 오실 때가 됐는데……."

그날도 조수 험프리는 실험실에서 시계를 바라보며 뉴턴을 기다리고 있었어요. 뉴턴은 항상 정해진 시간에 실험실에 나왔기 때문에 험프리는 뉴턴이 언제쯤 올지 정확하게 예상할 수 있었지요.

"오늘 실험 준비는 다 되었나?"

"물론이죠, 선생님. 선생님께서 말씀하신 화학 물질과 난로, 도가니 모두 준비해 두었습니다."

뉴턴은 곧장 실험을 시작했어요. 뉴턴은 실험에 매우 집중했기 때문에 실험실은 기구가 달그락거리는 소리와 무언가 부글부글 반응을 일으키는 소리만 들릴 뿐 다른 소리는 나지 않았어요. 험프리는 가끔 뉴턴이 시키는 대로 재료를 전해 주거나 도가니를 달구는 등 간단한 일을 했어요.

"선생님, 벌써 새벽 2시예요. 이만 주무시는 게 좋을 것 같아요. 지난번에도 6주 동안이나 실험실에서 지내시면서 건강이 나빠지셨잖아요."

험프리의 말에 뉴턴이 깜짝 놀라며 고개를 들었어요.

"벌써 시간이 이렇게 되었나? 그러면 재료를 가열하는 일은 자네가 좀 맡아 주게. 아마 밤을 꼬박 새워야 할 거야. 대신 내일은 내가 밤을 새우도록 하지."

연금술 연구에 몰두한 뉴턴은 차려진 음식에 손대지 않은 적도 많았어요. 조수 험프리가 뉴턴에게 식사를 권하면 "내가 먹지 않았던가?" 하며 의자에 앉지도 않고 한두 번 먹는 시늉만 할 정도였어요.

뉴턴이 지나치게 연금술에 몰두했기 때문일까요? 뉴턴은 30대에 이미 백발이 되었어요. 친구 위킨스는 뉴턴의 머리카락 색을 두고 종종 이런 농담을 하곤 했지요.

"아이작, 수은으로 실험을 자주 하더니 머리 색깔이 수은을 닮아가는구나."

하지만 뉴턴이 연금술에 심취했다는 사실은 오랫동안 사람들에게 알려지지 않았답니다. 뉴턴이 세상을 떠난 뒤 그의 연구와 메모 중 출판 가능한 것을 골라내는 일을 맡았던 토마스 펠렛 박사가 뉴턴의 연금술 기록을 봉인해 출판에 부적절하다는 꼬리표를 달아 놓았기 때문이에요. 연금술은 정식 학문도 아닌 데다가 부정적인 인식도 많았거든요. 그래서 현대에 이르러서야 학자들에 의해 뉴턴의 연금술 연구가 하나둘 밝혀지기 시작했어요.

연금술이란?

연금술은 값싼 금속을 금과 은 같은 귀금속으로 바꾸는 기술을 말해요. 연금술의 기원은 문명이 시작된 시기까지 거슬러 올라가요. 모세나 솔로몬 대왕 등도 연금술에 관심이 있었다는 기록이 남아 있을 정도예요.

기원전 알렉산드리아(지금의 이집트)에서 시작된 연금술은 아라비아를 거쳐 중세 유럽으로 퍼져 나갔어요. 그리고 중국과 인도에서도 독자적인 연금술이 존재했을 정도로 그 시대에 연금술은 일종의 학문이자 기술이었답니다. 뉴턴이 연금술에 심취한 건 어쩌면 과학자로서 당연한 일이었을지도 몰라요. 다만 연금술은 신비하고 주술적인 성격을 띠고 있어서 중세 유럽에서는 연금술사들을 마법사로 취급하기도 했어요.

연금술에서는 '현자의 돌'이라 불리는 가장 완전한 물질을 만드는 것이 중요했는데, 이것은 이름과는 달리 액체로 알려져 있어요. 이 액체를 납과 같은 금속에 섞으면 금과 은으로 바뀌고 사람이 먹으면 영원한 생명을 얻을 수 있다고 하지요. 연금술은 성공할 수 없는 기술이었지만, 18세기로 넘어가면서 화학으로 발전하는 토대가 되었답니다.

현자의 돌을 만들기 위해 연구하는 연금술사

뉴턴은 누구보다 뛰어난 연금술사였어요. 다른 연금술사들과 마찬가지로 뉴턴 역시 연금술을 이용해 귀금속을 만들거나 영원한 생명을 얻을 수 있다고 믿기는 했어요. 실험과 증명을 중요하게 생각하는 뉴턴을 생각한다면 정말 의외의 모습이라고 할 수 있을 거예요.

하지만 뉴턴이 연금술을 연구한 진짜 목적은 따로 있었어요. 뉴턴에게 연금술은 '인류가 한때는 가지고 있었지만 지금은 잊혀진 궁극의 진리'를 다시 알아낸다는 의미가 있었어요.

또한, 뉴턴은 가장 큰 천체부터 가장 작은 입자에 이르기까지 모든 물질의 성질과 움직임에 대해 알고 싶어 했어요. 이에 대해 뉴턴은 자신을 '불 옆의 철학자'라고 부르며 이렇게 포부를 밝히기도 했답니다.

"자연은 전능한 존재에 의해 만들어진 암호이다. 나는 연금술을 통해 그것을 해독하려 한다."

뉴턴은 당시 비밀스럽고 개인적이던 연금술 자료를 통합하여 누구나 따라 할 수 있는 원리와 법칙을 만들어 내려고 노력했어요. 그 결과 1675년에는 '철학자의 수은'이라 불리는 물질을 만드는 정확한 방법과 물질의 양을 구체적으로 설명한 논문을 쓰기도 했어요. 그리고 자신의 연금술 지식을 집대성한 〈인덱스 케미쿠스〉라는 책을 펴내기도 했어요. 이 책에 포함된 항목은 연금술 연구가, 개념, 물질 등 모두 900여 개이며, 참고 문헌만 해도 무려 5,000여 권이나 된다고 해요. 뉴턴은 이 책을 완성하는 데 무려

10여 년의 시간을 들였답니다.

뉴턴은 눈에 보이지 않는 작은 입자들이 자연을 형성하고 성장시키고 마지막에는 소멸하여 원래의 물질로 돌아간다고 생각했어요. 이러한 입자들에 대해 잘 알게 되면 빛의 참모습은 무엇인지, 또 멀리 떨어진 별 사이에 중력은 어떻게 작용하는지를 알 수 있을 거라고 믿었어요. 뉴턴은 연금술을 연구하는 자신의 의도에 대해 이렇게 이야기했어요.

"만약 자연이 가장 단순한 방식으로 작동한다면 빛의 입자 같이 아주 작은 물체들의 운동부터 태양, 달, 행성과 같은 매우 큰 물체의 운동까지 똑같은 방식으로 움직일 것이다."

뉴턴이 이처럼 크기에 상관없이 모든 물질의 성질을 한꺼번에 설명하려고 시도한 것은 아인슈타인이 모든 것의 이론이라고 불리는 '통일장 이론'을 만들려고 했던 것과 같은 맥락이에요. 뉴턴은 오늘날 양자역학이라고 부르는 아주 작은 입자들의 세계와 천문학에서 다루는 거대한 천체들의 움직임을 연금술을 통해 한 번에 설명하고 싶었던 거예요.

이처럼 뉴턴은 과학과 수학뿐만 아니라 연금술에도 조예가 깊었어요. 연금술을 통해서 자연에 존재하는 모든 힘의 근원을 이해하고 통합하려는 시도를 한 뉴턴을 사람들은 '이성 시대의 마지막 마법사'라 부르기도 한답니다.

- 광학으로 눈을 돌리다
- 프리즘으로 빛의 본질을 파악하다
- 반사 망원경을 발명하다
- 〈광학〉으로 빛의 정체를 밝히다

광학이라는 새로운 지식 창조

빛의 정체를 밝히다 4

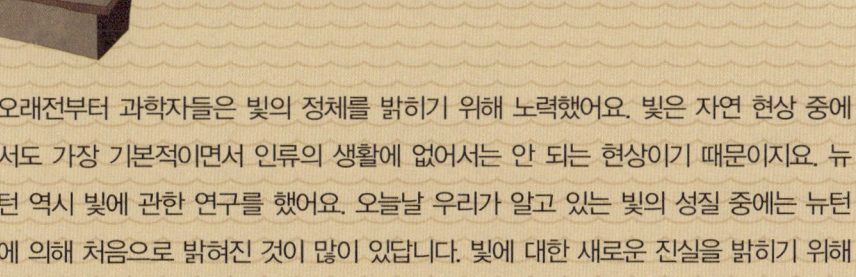

오래전부터 과학자들은 빛의 정체를 밝히기 위해 노력했어요. 빛은 자연 현상 중에서도 가장 기본적이면서 인류의 생활에 없어서는 안 되는 현상이기 때문이지요. 뉴턴 역시 빛에 관한 연구를 했어요. 오늘날 우리가 알고 있는 빛의 성질 중에는 뉴턴에 의해 처음으로 밝혀진 것이 많이 있답니다. 빛에 대한 새로운 진실을 밝히기 위해 뉴턴은 어떤 노력을 했을까요?

광학으로 눈을 돌리다

중력과 물체의 운동을 좀 더 깊이 파고든 뉴턴은 자신이 발견한 중력 법칙을 지구와 달의 문제에 적용해 보았어요. 하지만 정확하지 않은 관측 자료 때문에 올바른 답을 얻을 수 없었어요. 심기가 불편해진 뉴턴은 중력 연구를 잠시 중단하고 광학으로 눈을 돌렸어요. 사실 뉴턴은 오래전부터 광학에 관심이 있었어요.

뉴턴은 대학 시절 공부에 지친 머리를 식히기 위해 스타워브리지 시장에 자주 갔어요. 스타워브리지 시장은 당시 영국에서 가장 큰 시장으로 채소, 고기 같은 식재료뿐만 아니라, 프랑스와 이탈리아에서 건너온 책과 신기한 물건들이 넘쳐나는 곳이었어요.

1664년 어느 날이었어요. 22살의 뉴턴은 여느 때처럼 스타워브리지 시장으로 갔답니다. 시장은 언제나 활기가 넘치는 곳이었어요. 상인들은 손님을 끌어들이기 위해 소리쳤고, 손님들은 조금이라도 물건값을 깎기 위해 흥정하거나 짐짓 관심 없는 표정을 지어 보이기도 했지요. 뉴턴이 시장 골목을 지나갈 때도 여기저기서 상인들이 뉴턴의 관심을 끌기 위해 말을 붙였어요.

"우리 가게 사과 품질은 이 지역에서도 알아준다니깐. 맛 좀 보고 가. 내 특별히 싸게 드릴게."

"학생, 얼마 전에 네덜란드에서 새로 들어온 수학책이 있는데 좀 보고 가구려."

"이탈리아에서 지금 막 가지고 온 망원경도 있다오. 다른 곳에선 볼 수 없는 귀한 물건이지."

뉴턴은 식재료나 생필품에 관심을 보이는 경우는 거의 없었지만, 외국에서 사들인 책과 신기한 기구에는 큰 관심을 보였어요. 시장 골목골목을 누비며 이런저런 물건들을 구경할 때면 시간 가는 줄도 몰랐어요. 그때 유리 가게 한편에 진열된 반짝이는 물건이 뉴턴의 눈에 들어왔어요. 그는 호기심이 생겨 그 앞으로 다가갔고 단번에 그 물건에 사로잡히고 말았답니다.

"아저씨, 이거 프리즘 맞죠?"

뉴턴은 눈을 반짝이며 물었어요.

"그럼, 프리즘이지! 우리 가게 장인이 정성껏 만든 물건이라네. 흠잡을 데 하나 없는 물건이지."

"이거 하나만 주세요."

"허허. 뭘 좀 아는 학생이구먼. 그래, 다른 건 필요 없나?"

프리즘은 유리를 삼각기둥 모양으로 깎아 만든 도구예요. 빛이 프리즘을 통과하면 무지개색이 펼쳐져 사람들의 호기심을 불러일으키는 신기한 물건이지요. 프리즘은 고대 로마 시대부터 있었는데, 사람들은 프리즘을 주로 신기한 오락거리로 사용했어요.

'프리즘이 있으면 얼마 전에 읽은 책 내용을 확인해 볼 수 있을 거야.'

뉴턴이 확인해 보고 싶었던 책은 프랑스의 자연 철학자 르네 데카르트가 쓴 빛과 색에 관한 책이었어요. 데카르트는 이 책에서 프리즘을 통과한 빛이 여러 가지 색깔을 띠는 건 '프리즘이 빛을 변형시켜 색깔을 만들기 때문'이라고 주장했어요.

프리즘을 사 들고 방으로 돌아온 뉴턴은 그 즉시 프리즘의 성능을 확인하는 간단한 실험을 했어요.

"정말 굉장해. 프리즘을 통과한 빛이 정말 무지갯빛으로 변하는구나. 여기까지는 데카르트의 말이 맞았어."

대부분의 사람들은 유명한 과학자가 쓴 책이라면 그 내용을 있는 그대로 받아들였을 거예요. 하지만 뉴턴은 어떠한 이론도 그냥 받아들인 적이 없었어요. 그는 언제나 책의 내용에 대해 다시 생각해 보고, 가능하면 실험도 해 보았지요. 이런 호기심과 합리적인 의심, 실험 등의 과정이 있었기에 뉴턴은 다른 사람들이 발견하지 못한 새로운 지식에 한 걸음 더 다가갈 수 있었을 거예요. 뉴턴은 울스소프에서 지내는 동안 프리즘을 여러 개 구해 데카르트의 연구를 몇 번이고 확인하며 빛의 본질을 파악하기 위해 여러 가지 실험을 했어요.

"집에 남아도는 방 중 하나를 빛 연구를 위한 실험실로 써야겠어."

르네 데카르트 (1596년~1650년)

데카르트는 프랑스의 자연 철학자예요. 수학, 광학, 천문학 등의 분야에서 근대 철학의 기틀을 닦았어요. 그는 자연을 물질적 재료로 생각하고 모든 현상을 기계가 작동하는 방식처럼 원인과 결과 관계로 설명하려는 '기계론적 자연관'을 주장했지요. 조금이라도 불확실한 것은 모두 의심해 보아야 하며, 의심할 수 없는 존재는 자신뿐이라는 의미로 '나는 생각한다. 고로 나는 존재한다.'라는 유명한 말을 남기기도 했어요.

당시에는 지금과 달리 광학 실험 장치가 발달하지 않았기 때문에 뉴턴은 실험에 필요한 환경과 도구를 스스로 만들어야만 했어요. 뉴턴은 먼저 창문에 두꺼운 검은색 커튼을 꼼꼼하게 쳐서 방을 칠흑같이 어둡게 만들었어요. 그리고는 커튼에 지름 3 mm 정도의 동그란 구멍을 뚫어 그곳으로만 햇빛이 들어오게 했어요. 구멍을 통해서 들어온 가느다란 한 줄기 빛을 프리즘에 통과시키자 벽에는 선명한 무지갯빛이 나타났어요.

뉴턴은 왕립학회의 한 회원에게 편지를 보내 실험을 설명했답니다.

> 저는 빛의 색에 대해 신비한 현상을 실험했습니다. 빛이 지나는 길에 프리즘을 놓고, 맞은편 벽에 빛이 굴절되는 것을 관찰했지요. 처음 보았을 때 이것은 매우 재미있고 또 흥미로운 일이었습니다. 선명하고 진한 색깔이 펼쳐지는 것을 볼 수 있었거든요.

편지에 쓴 대로, 프리즘을 통과한 빛은 건너편 벽에 여러 가지 색깔로 나타났어요. 이것이 바로 스펙트럼이에요. 그런데 스펙트럼을 유심히 관찰하던 뉴턴은 한 가지 이상한 점을 발견했어요.

"데카르트 책에 따르면 스펙트럼의 모양은 빛이 들어오는 구멍 모양과 같은 원형이어야 해. 하지만 자세히 보니 길쭉한 띠 모양이잖아?"

뉴턴은 크게 일곱 가지 정도의 색깔로 보이는 스펙트럼이 생긴 이유를 단번에 알아챘어요. 그는 태양 빛이 프리즘을 통과하면서 각각의 색깔들은 꺾이는 정도가 달라 여러 갈래로 분해되고, 그 결과 스펙트럼이 생겼다고 결론지었어요.

"색깔마다 꺾이는 각도가 다 다르군. 빨간색이 가장 작게, 보라색이 가장 크게 꺾여. 내가 실험을 잘못했을 가능성도 있으니 다시 한번 확인해 봐야겠어."

　프리즘을 이리저리 돌려보아도 스펙트럼의 모양과 색은 변하지 않았어요. 뉴턴은 각 색깔이 꺾이는 정도에 규칙이 있는 것을 발견하고 이를 수학적으로 정리했어요. 이렇게 빛이 어떤 물체를 통과해 꺾이는 것을 '굴절'이라고 하는데, 뉴턴은 그 당시 빛의 굴절에 대해 완벽하게 이해한 것이에요.

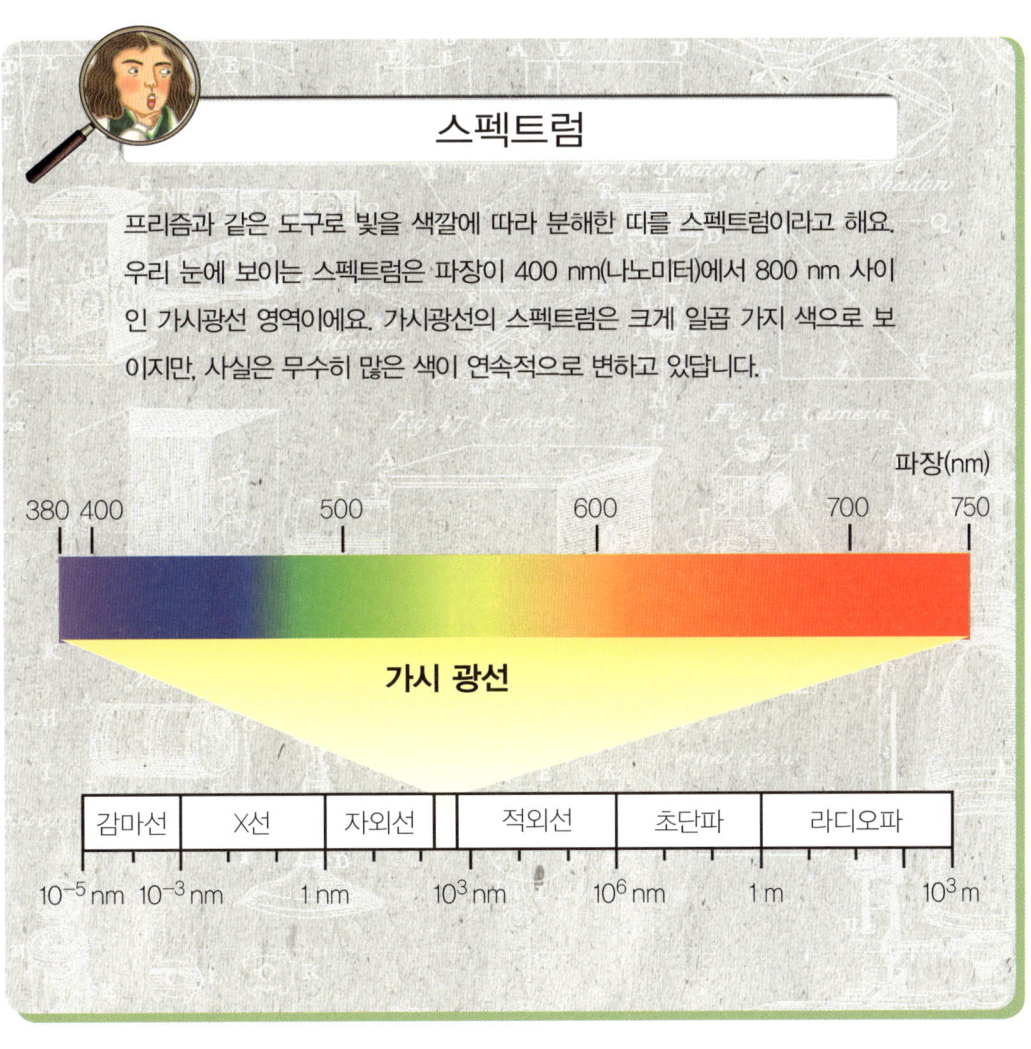

스펙트럼

프리즘과 같은 도구로 빛을 색깔에 따라 분해한 띠를 스펙트럼이라고 해요. 우리 눈에 보이는 스펙트럼은 파장이 400 nm(나노미터)에서 800 nm 사이인 가시광선 영역이에요. 가시광선의 스펙트럼은 크게 일곱 가지 색으로 보이지만, 사실은 무수히 많은 색이 연속적으로 변하고 있답니다.

프리즘으로 빛의 본질을 파악하다

뉴턴이 살던 시대에는 빛의 본질에 대해 알려진 것이 별로 없었어요. 아리스토텔레스가 빛은 완전무결한 흰색이라고 정의한 뒤, 그 누구도 새로운 이론을 제시하거나 반박할 생각은 하지 못했기 때문이에요. 과학자들은 그 말을 진리로 받아들이고 빛에 의한 다양한 현상을 아리스토텔레스의 생각에 끼워 맞춰 해석할 뿐이었어요. 하지만 프리즘 실험으로 시작된 뉴턴의 도전은 기존의 이론을 뛰어넘어 빛의 진짜 모습을 밝히기 위한 단계로 서서히 나아가고 있었답니다.

뉴턴은 실험을 하면서 빛에 대한 자신의 연구와 이론에 혹시라도 잘못된 부분이 있을까 봐 매우 신중하게 접근했어요.

'혹시 프리즘의 크기에 따라 다른 결과가 나오는 건 아닐까?'

'프리즘을 창밖에 두면 어떻게 될까?'

'어쩌면 햇빛 가리개 구멍의 크기가 중요할지도 몰라.'

'프리즘 표면에 작은 흠집이 있는데, 이건 어떤 영향을 미칠까?'

뉴턴은 이런 의문을 하나하나 확인하기 위해 프리즘으로 무려 100여 가지의 실험을 계획하고 실행했어요. 그리고 이 수많은 실험 중 하나는 빛의 성질을 밝히는 데 결정적인 역할을 했답니다.

그 '결정적 실험'이란 바로 프리즘을 통과한 빛을 또 다른 프리즘에 통과시키는 것이었어요. 이 실험을 위해 뉴턴은 프리즘 두 개를 4~5 cm 간격으로 설치했어요. 그리고는 두 프리즘 사이에 가느다란 구멍을 뚫은 판자를 세웠지요.

"완벽해. 이렇게 하면 첫 번째 프리즘에서 나온 스펙트럼 중 한 가지 색깔의 빛만 통과시킬 수 있을 거야."

앞에서도 이야기했듯이 데카르트는 프리즘이 빛을 변형시켜 색깔을 만든다고 주장했어요. 그의 주장에 따르면 스펙트럼의 각 색깔을 또다시 프리즘에 통과시킬 경우에도 여러 가지 색깔로 변해야만 해요. 예를 들어, 첫 번째 프리즘을 통과한 노란색 빛은 두 번째 프리즘을 지나면서 다시 무지갯빛으로 변해야 한다는 거예요. 뉴턴은 두근거리는 마음을 안고 실험을 했어요. 과연 결과는 어땠을까요?

"노란색은 여전히 노란색으로, 빨간색은 여전히 빨간색으로 나타나잖아? 프리즘이 빛의 색깔을 변형시킨다는 데카르트의 생각은 잘못된 거였어!"

뉴턴은 빛의 본질에 대해 더 많은 것을 밝혀내고 싶었어요. 그래서 그는 프리즘을 이용한 빛의 색깔 실험 외에도 다양한 실험을 했어요. 그중에는 무척 위험한 실험도 있었지만, 빛에 대한 새로운 지식을 알고 싶었던 뉴턴의 열망은 너무나도 강했답니다.

뉴턴은 우연히 깃털이나 검은 리본을 통해 태양을 바라보다가 눈을 감으면 매우 아름다운 색깔이 나타나는 것을 경험했어요. 그래서 뉴턴은 급기야 태양을 직접 바라보는 실험을 해 보기로 마음먹었어요.

"이 실험으로 눈에 보이지 않는 빛의 또 다른 성질을 밝혀낼 수 있을지도 몰라."

뉴턴은 고통을 참으며 한쪽 눈으로 한동안 태양을 바라본 다음, 해 모양의 둥근 무늬가 보이지 않게 되는 데까지 걸리는 시간을 기록했어요. 하

지만 뉴턴은 이 실험으로 눈을 크게 다치고 말았어요. 뉴턴이 다쳤다는 말을 전해 들은 친구가 한달음에 달려와 걱정스러운 표정으로 나무랐어요.

"대체 무슨 실험을 한 건가? 실험도 좋지만 몸 생각을 해야지."

"너무 걱정 마. 난 그저 태양을 직접 바라보면 어떤 일이 일어나는지 궁금했던 것뿐이야."

"지금 태양을 직접 바라봤단 소린가? 그러다간 영영 앞을 못 보게 되는 수가 있다고!"

"오른쪽 눈으로 태양을 조금씩 바라보다가 눈을 돌려 방의 어두운 곳을 봤더니 무언가 아름다운 색이 펼쳐지더군. 정말 신기한 경험이었어. 그런데 이렇게 두세 번 반복하다 보니 글자를 읽을 수 없는 지경이 되어 버렸지 뭐야. 그래서 지금은 시력을 회복하기 위해 방을 어둡게 하고 눈을 감은 채 지내고 있는 신세가 되었지."

다행히 며칠 뒤에 시력이 돌아오기는 했지만, 이 실험으로 뉴턴은 하마터면 시력을 잃을 뻔했어요. 태양 빛은 너무 강해서 눈에 직접 들어올 경우 망막과 시신경에 치명적인 손상을 입힐 수 있거든요.

하지만 이런 위험도 뉴턴의 왕성한 호기심과 실험 정신을 막을 수는 없었어요. 뉴턴은 일 년 뒤에 또다시 위험천만한 실험을 했어요. 눈동자의 모양에 따라 물체의 모양과 색이 어떻게 달라지는지 궁금했던 거예요. 하지만 대체 무슨 수로 눈동자 모양을 바꿀 수 있을까요? 뉴턴은 황당하게도 눈동자의 모양을 바꾸기 위해 눈과 뼈 사이에 무딘 바늘을 집어넣었답니다! 뉴턴은 당시 실험 결과를 메모로 남겼어요.

"내 눈과 뼈 사이로 바늘의 뭉툭한 쪽을 집어넣고 바늘 끝으로 눈동자를 눌러 보았다. 흰색과 어두운색을 비롯한 여러 가지 색의 원들이 나타났다. 어떤 원이 가장 납작한지 알아보려고 바늘 끝으로 이리저리 문질러 보았다. 바늘 끝으로 눈을 문지르면 무늬가 더 뚜렷해졌다."

뉴턴은 왜 위험하기도 하고 무모하기까지 한 이런 실험들을 했을까요? 그건 바로 지금까지 아무도 시도해 보지 않았던 문제를 끝까지 해결하고 싶다는 열망 때문이에요. 두려움은 뉴턴에게 아무런 문제가 되지 않았어요. 그의 노트 어디에도 실험에 관한 두려움이나 어려움에 대한 기록은 찾을 수 없어요. 그는 어떤 좋은 생각이나 문제가 떠오를 때면 반드시 그것을 증명하기 위해 달려들었어요. 새로운 지식을 향한 뉴턴의 열정은 본받을 만하지만, 이런 무모한 행동은 절대 따라 해서는 안 돼요.

뉴턴은 빛의 정체를 밝히기 위한 연구가 거의 완성 단계에 이르렀다는 것을 알 수 있었어요.

"이제 거의 다 됐어. 마지막으로 확인해 볼 것이 하나 있어."

뉴턴은 스펙트럼에서 나온 빛을 다시 모으는 실험을 했답니다. 그는 빛을 모으기 위해서 볼록 렌즈를 이용했어요. 볼록 렌즈는 빛을 한곳으로 모으는 성질이 있거든요.

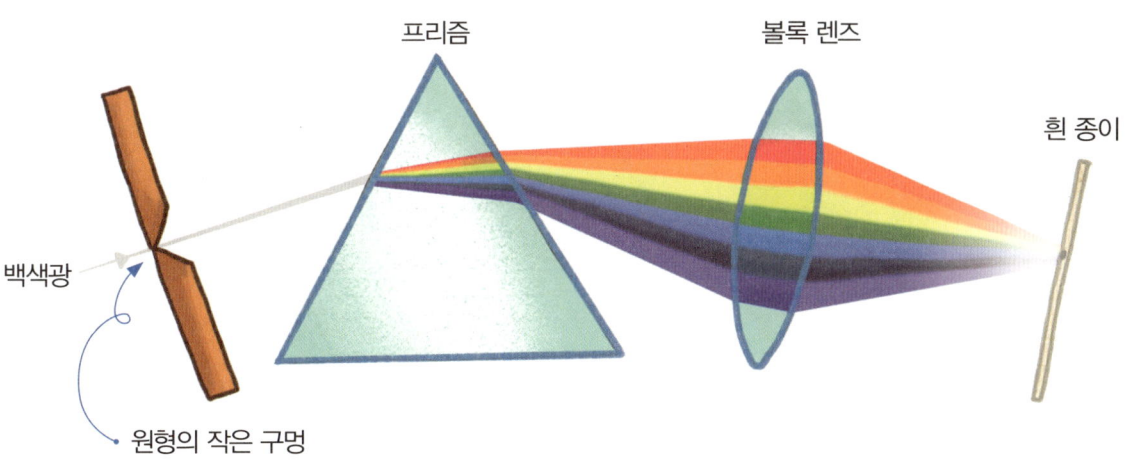

"프리즘을 통과해 무지개색으로 펼쳐져 있던 스펙트럼이 볼록 렌즈를 지나면서 다시 한 점으로 모이는군. 한 점으로 모인 빛은 원래 태양 빛과 같은 백색광이야. 역시 내 생각대로였어."

뉴턴은 다양한 실험을 통해 빛의 성질에 대해 크게 세 가지 사실을 알아냈어요. 첫째는 프리즘을 통과한 빛은 여러 가지 색깔로 나뉘는데, 그 이유는 프리즘을 통과하면서 빛이 꺾이는 정도가 다르기 때문이라는 것이에요. 둘째는 프리즘은 빛의 색깔을 바꾸지 않는다는 거예요. 그리고 마지막으로 스펙트럼에 나타난 여러 색깔을 다시 합치면 백색광이 된다는 사실이에요. 뉴턴은 실험 결과를 모두 종합해 보고 기쁨에 찬 목소리로 외쳤어요.

"태양 빛과 같은 백색광은 스펙트럼에 나타난 모든 색깔의 합이야! 이게 바로 빛의 본질이라고!"

뉴턴이 발견하고 증명한 이 모든 결과는 오늘날까지 옳은 설명으로 인정받고 있답니다.

반사 망원경을 발명하다

"불이야! 불!"

엎친 데 덮친 격이라고 해야 할까요? 1666년 9월 페스트가 창궐하던 런던에 큰 화재가 발생했어요. 불길은 바람을 타고 계속해서 번져 런던을 모조리 태워 버릴 정도로 걷잡을 수 없이 번졌어요. 무려 5일 동안 계속된 화재는 집 13,000여 채와 교회 87채를 포함해 총 53만 평을 몽땅 태워 버렸지요. 그런데 이게 웬일일까요? 불은 아무도 예상치 못했던 결과를 낳았답니다. 런던 대화재로 인해 페스트가 마침내 사그라지기 시작한 거예요. 페스트가 잠잠해지자 케임브리지 대학의 트리니티 칼리지도 다시 문을 열었어요.

고향 울스소프에서 연구에 매진하던 뉴턴에게도 기분 좋은 소식이 날아들었어요.

"주인님, 케임브리지에서 편지가 왔습니다. 학교가 다시 문을 열었다는군요."

"듣던 중 반가운 소식이군. 당장 학교로 돌아가 필요한 수업을 들으며 연구를 계속해야겠어."

학교로 돌아온 뉴턴은 석사 학위 시험을 통과하고 특별 연구원이 되었어요. 뉴턴은 2년 전 케임브리지를 떠날 때와는 전혀 다른 사람이 되어 있었어요. 연구 결과를 발표한 적이 없어 아무도 알 수 없었지만, 뉴턴은 '기적의 해'라 불리는 기간 동안 세계 최고 수준의 수학자이자 자연 철학자로 성장해 있었답니다.

이 시기에 뉴턴은 케임브리지 대학교 최초의 수학과 석좌 교수인 아이작 배로 교수의 수업을 들었어요. 배로 교수는 뉴턴의 천재성을 알아보고 많은 도움을 주었지요. 신앙심이 깊었던 배로 교수는 1669년 국왕 찰스 2세의 주임 사제로 임명되어 교수직을 그만두면서 27살의 뉴턴에게 놀라운 제안을 했어요.

"뉴턴, 내 뒤를 이어 수학과 석좌 교수를 맡는 게 어떤가?"

"석좌 교수라고요? 제가 그럴 자격이 있을까요?

"허허. 걱정하지 말게나. 내가 지금까지 겪어 본 자네라면 충분히 그럴 자격이 있어. 원한다면 내가 힘을 써 주겠네."

"그런 영광스런 자리를……. 정말 감사합니다, 배로 교수님!"

당시 석좌 교수직은 연구실과 식사를 제공받는 것은 물론, 연간 100파운드 정도의 급여도 받을 수 있었어요. 게다가 살인과 같은 중대한 범죄를 저지르지 않는 한 평생 보장되는 영광스러운 자리였지요. 뉴턴은 트리니티 칼리지에서 평생 근무하며 연구를 계속할 수 있다는 것이 그 무엇보다도 기뻤어요. 감격에 겨워하는 뉴턴에게 배로 교수가 물었어요.

"수학과 교수들은 수학과 관련된 수업이라면 무엇이든 스스로 정해서 진행할 수가 있네. 자네는 어떤 강의를 하고 싶은가?"

"너무 갑작스러운 일이라 아직 구체적으로 생각해 본 적은 없지만, 요즘 광학에 관심이 많습니다. 고향에 있으면서 나름대로 연구도 진행했고요. 수학과 광학을 결합한 강의는 어떨까요?"

"허허. 광학이라……. 너무 어려워서 학생들에게 인기가 있을지는 모르겠지만 자네가 원하는 대로 하게. 자네라면 잘 해낼 수 있을 거야."

뉴턴은 들뜬 마음으로 강의 준비를 했어요. 드디어 뉴턴이 처음으로 강의하는 날이 되었고 강의실은 학생들로 빽빽하게 들어찼어요.

"오늘이 뉴턴 교수님의 첫 강의래. 어떨 것 같아?"

"젊은 나이에 수학과 석좌 교수가 되었으니 강의도 분명 뛰어날 거야. 정말 기대돼."

강의실을 가득 메운 학생들의 기대에 찬 눈빛을 보자 뉴턴은 살짝 긴장되었어요. 하지만 그는 자신의 연구 과정을 차분하고 또 자신 있게 설명해 나갔어요.

"빛의 본질은 무엇일까요? 매우 어려운 질문이지만, 사실 이것을 알기 위해서는 아주 간단한 도구가 필요할 뿐입니다."

뉴턴은 강의를 진행하면서 스스로 신이 나서 열변을 토했어요. 하지만 학생들의 반응은 처음과는 아주 달랐어요.

"야, 너 무슨 말인지 알겠어? 생각보다 너무 어려운데?"

"그러게 말이야. 왜 혼자만 저렇게 신나서 얘기하는 거지? 우리가 이해하든 말든 상관없다는 건가?"

여기저기서 학생들이 수군거리는 소리가 들리기 시작했어요. 뉴턴은 강의에 집중한 나머지 그 소리를 듣지 못했지요. 일주일 뒤 두 번째 수업을 하기 위해 강의실 문을 연 뉴턴은 깜짝 놀랐어요. 강의실은 텅 비어 있었어요. 아마 수업이 너무 어려운 나머지 학생들이 다른 강의로 빠져나갔던 모양이에요. 하지만 뉴턴은 담담하게 수업을 시작했어요. 옆에서 이 모습을 안타깝게 지켜보던 조수 험프리 뉴턴이 조심스럽게 말했어요.

"뉴턴 교수님. 오늘은 학생이 없으니 수업을 그만하시는 게 어떨까요?"

"무슨 소린가? 교수는 정해진 시간에 약속된 강의를 진행할 의무가 있네. 참석 여부는 학생의 선택이고 말이야."

수업이 어렵다는 소문이 나 버렸기 때문에 뉴턴의 강의는 항상 아주 적은 수의 학생들만 수강하는 수업이 되었어요. 뉴턴은 이런 식으로 17년 동안 강의를 계속했어요. 이날처럼 빈 강의실에서 강의한 적도 많았지요. 뉴턴의 수업을 쭉 지켜보던 조수 험프리는 이렇게 말했어요.

"아주 적은 수의 학생이 뉴턴의 강의를 듣기 위해 오고, 그보다 훨씬 적은 수의 학생들이 강의 내용을 이해했습니다."

뉴턴은 강의를 하면서도 빛에 대한 연구를 계속 진행했답니다. 그 과정에서 빛을 이용하는 도구 중 하나인 망원경에도 관심을 갖게 되었어요. 당시 대부분의 망원경은 볼록 렌즈나 오목 렌즈를 이용한 굴절 망원경이었어요. 뉴턴은 굴절 망원경을 구해서 사용해 보고는 성능에 실망했어요. 그리고 새로운 방식의 망원경이 필요하다는 결론을 내렸지요.

"굴절 망원경은 빛을 모으는 데 한계가 있어. 프리즘 실험에서 알 수 있듯이 햇빛에 포함된 여러 빛은 굴절 정도가 다르기 때문에 아무리 완벽한 렌즈를 만들어도 한 점에 모든 빛을 모으는 것은 불가능해."

렌즈에서 각기 다르게 굴절된 빛들은 무지개처럼 어른거리는 상을 만드는데, 이러한 현상을 색 수차라고 해요. 뉴턴은 색 수차 현상을 극복하기 위해 렌즈 대신 거울을 사용해야겠다고 생각했어요.

"굴절 망원경의 색 수차 현상을 없애려면 볼록 렌즈 대신 오목 거울을 사용해 빛을 모아야 해. 빛이 거울에 반사될 때는 모든 종류의 빛이 항상 같은 정도로 꺾이기 때문에 빛을 한 점에 모을 수 있을 거야."

거울을 이용한 망원경을 반사 망원경이라고 하는데, 당시에도 꽤 다양한 반사 망원경의 설계가 있었어요. 그중에서 뉴턴에게 가장 큰 영향을 준 것은 스코틀랜드의 과학자 제임스 그레고리의 반사 망원경이었어요. 뉴턴은 책을 읽을 때 중요한 부분의 한 귀퉁이를 접어 두는 습관이 있었는데, 뉴턴이 즐겨 읽었던 그레고리의 〈광학의 발견〉이라는 책에도 접혀 있는 곳이 많았어요. 그 대부분은 반사 망원경에 대한 내용이었지요.

뉴턴은 그레고리의 책에서 영감을 얻어 반사 망원경을 직접 제작하기 시작했어요. 어린 시절부터 만들기를 좋아했고 손재주도 남달랐던 뉴턴은 성능이 뛰어난 반사 망원경을 만들 수 있다는 확신이 있었지요. 하지만 문제는 품질 좋은 오목 거울을 구하는 일이었어요. 뉴턴은 거울을 구하기 위해 이름난 거울 장인을 찾아다녀야만 했어요. 뉴턴은 영국 최고의 거울 장인을 찾아가 물었어요.

"표면이 울퉁불퉁하지 않고 매끈한 오목거울을 만들 수 있겠소?"

"오목 거울이라······. 그걸 대체 어디다 쓰려고 그러시오?"

털이 덥수룩한 거울 장인이 퉁명스럽게 물었어요.

"반사 망원경을 만드는 데 쓰려고 하오."

그러자 거울 장인은 어이가 없다는 듯이 껄껄 웃으며 대답했어요.

"이보시오. 아마 당신도 제대로 작동하는 반사 망원경을 본 적은 없을

굴절 망원경과 반사 망원경

	갈릴레이식 굴절 망원경	케플러식 굴절 망원경	뉴턴식 반사 망원경
구조	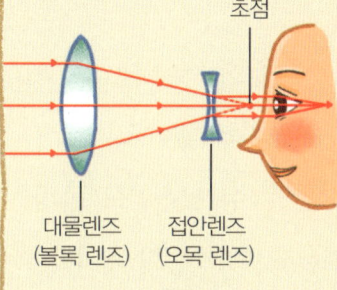	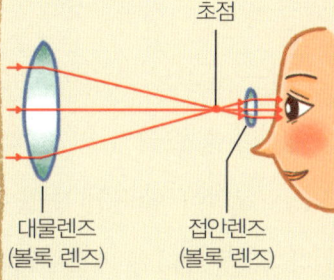	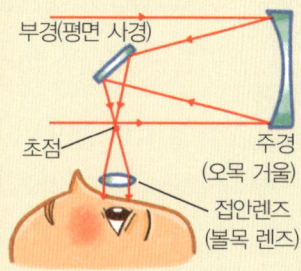
특징	• 물체의 상이 똑바로 보인다. • 시야가 좁고, 배율이 낮다. • 요즘 쌍안경에 많이 사용되는 방식	• 물체의 상이 거꾸로 보인다. • 시야가 넓고, 안정적이다.	• 렌즈 대신 오목 거울로 빛을 모은다. • 가볍고 크게 만들 수 있다.
장점	• 상의 명암이 뚜렷하다. • 경통 속이 밀폐되어 공기 대류에 의한 상의 흔들림이 없다.		• 색 수차가 나타나지 않는다. • 굴절 망원경에 비해 큰 구경을 만들 수 있다. • 제작비가 저렴하다.
단점	• 색 수차가 나타난다. • 반사 망원경에 비해 제작비가 많이 든다.		• 상의 명암이 뚜렷하지 않다. • 경통 안의 대류에 의해 상이 흔들린다.

거요. 왜 그런지 아시오? 지금까지 그걸 성공한 사람은 아무도 없기 때문이오. 그러니 일찌감치 포기하는 게 좋을 거요."

그리고는 혼잣말로 이렇게 덧붙였어요.

"철학자라는 사람들은 여기저기서 설계도만 잔뜩 그리고 있지 아무짝에도 쓸모가 없다니까."

뉴턴은 거울 장인의 말을 듣고도 포기하지 않았어요. 생각에 생각을 거듭한 끝에 완벽한 오목 거울을 만들기 위한 묘안을 생각해 냈어요.

"어쩌면 연금술사라면 표면이 매끈한 거울을 만들 수 있을지도 몰라. 여러 가지 물질을 잘 다룰 줄 아니까 거울을 만드는 것도 가능할 거야!"

뉴턴은 스스로가 뛰어난 연금술사였기 때문에 이런 생각을 할 수 있었어요. 그는 즉시 연금술사를 고용해 오목 거울 제작에 들어갔어요. 뉴턴과 연금술사는 먼저 얇은 금속판을 두드려 가운데가 오목하게 들어간 접시 모양의 틀을 만들었어요. 그리고 여기에 구리, 비소, 주석을 섞은 합금으로 금속판을 싸서 표면이 아주 매끈한 오목 거울을 만들었지요. 뉴턴은 이번에도 합금을 만드는 방법을 자세히 기록해 두었어요.

'먼저 구리를 녹인다. 구리가 다 녹으면 비소를 넣고 잘 젓는다. 이때 독성 연기가 나오므로 마시지 않게 주의해야 한다. 마지막으로 주석을 넣고 재빨리 저어 준다.'

뉴턴이 완성한 망원경의 크기는 15 cm 정도로 아주 작았지만 성능은 그 어떤 망원경보다 뛰어났어요. 1669년에 친구에게 보낸 편지를 보면 뉴턴이 자신이 만든 반사 망원경에 얼마나 큰 자부심을 느꼈는지 알 수 있어요.

> 1.8 m짜리 굴절 망원경보다 성능이 뛰어나고, 물체의 크기를 40배 정도 확대할 수 있다네. 목성과 목성의 위성들, 초승달 모양의 금성도 뚜렷하게 볼 수 있지.

뉴턴이 제대로 작동하는 반사 망원경을 처음으로 만들었다는 소식은 금세 학계에 퍼졌어요. 영국 왕립학회 회원들도 뉴턴의 반사 망원경에 많은 관심을 가졌지요. 다들 뉴턴에게 반사 망원경을 빨리 보여 달라고 재촉했어요. 하지만 신중한 성격의 뉴턴은 이번에도 망원경을 바로 공개하지는 않았어요. 2년 동안 망원경을 직접 사용하면서 부족한 점을 보완한 뒤, 배로 교수를 통해 런던으로 보냈답니다.

1671년 배로 교수는 자랑스럽게 뉴턴의 반사 망원경을 왕립학회에서 발표했어요.

"이것이 바로 아이작 뉴턴 교수가 만든 반사 망원경입니다. 모두 앞으로 나와 찬찬히 살펴보시죠."

왕립학회 회원들은 망원경을 구석구석 살펴보면서 너 나 할 것 없이 망원경의 우수성에 감탄했어요.

"만듦새가 아주 튼튼하군요. 게다가 가볍기까지 해요. 뉴턴 교수를 꼭 한번 만나 보고 싶군."

"아니, 이렇게 크고 선명한 상이 생기다니! 놀랍군. 정말 놀라워!"

"이런 훌륭한 발명품은 빨리 국왕께 보여 드려야 하오."

뉴턴의 망원경은 당시 영국 국왕이던 찰스 2세에게까지 전달되었고, 영국 왕립학회의 회장이었던 헨리 올덴버그는 찬사가 듬뿍 담긴 편지를 뉴턴에게 전달하기도 했어요.

"우리 회원들 중 광학과 실험 분야의 전문가들이 망원경의 성능을 실험해 보았습니다. 망원경은 훌륭히 작동했고, 모두 깊은 찬사와 박수를 보냈습니다."

1672년 1월, 30살의 뉴턴은 반사 망원경을 만든 업적으로 영국 왕립학회에서 주는 창의성 상을 받았고, 마침내 영국 왕립학회 회원이 되었어요. 항상 새로운 지식을 추구하던 뉴턴의 노력과 빛나는 재능이 처음으로 많은 사람에게 인정을 받은 순간이었어요. 뉴턴의 반사 망원경은 외국에서도 널리 알려졌어요. 네덜란드의 저명한 과학자인 크리스티안 하위헌스는 뉴턴의 망원경을 일컬어 '기적의 망원경'이라 불렀답니다.

<광학>으로 빛의 정체를 밝히다

"또다시 논쟁에 휘말리고 싶지 않아서 계속해서 출판을 미뤄왔습니다. 하지만 친구들의 끈질긴 설득으로 드디어 이 책이 세상에 나오게 되었습니다. 이 책은 빛의 특성을 그저 나열하는 데에만 그치지 않습니다. 합리적인 판단과 정교한 실험을 통해 그것을 증명하는 책입니다."

1704년, 62세의 뉴턴은 젊은 시절의 치열하고도 광범위한 '빛의 성질'에 대한 연구를 정리하여 마침내 <광학>이라는 책을 발표했어요. 프리즘을 처음 구입한 이후 무려 40년이 흐른 뒤였지요. 뉴턴의 또 다른 대표작인 <프린키피아>는 라틴 어로 쓰인 데다 대부분의 사람이 이해하기 힘들 정도로 어려운 내용으로 가득했지만, <광학>은 영어로 훨씬 쉽게 쓰여 책이 세상에 나오자마자 많은 사람의 환영을 받았어요. 훗날, 학자들은 <광학>을 <프린키피아>와 쌍벽을 이루는 뉴턴의 위대한 업적으로 평가하고 있답니다.

<프린키피아>가 왕립학회에 헌정되었고 출판 전부터 많은 관심을 받았던 것과 달리 <광학>은 뉴턴 혼자서 준비하고 출판했어요. 사실 뉴턴은 이 책을 훨씬 빨리 발표할 수도 있었어요. 뉴턴은 1672년에 이미 책 내용을 대부분 완성했거든요. 책을 이렇게 늦게 발표한 건 논쟁에 휘말리게 될 것이라는 두려움 때문이었어요.

뉴턴은 이미 <프린키피아>로 천재성을 유감없이 발휘했어요. '과학 이론

의 전개'에 관해서는 그 누구도 따라올 사람이 없었지요. 그는 이에 만족하지 않고 실험가로서의 면모도 인정받고 싶었어요. 〈광학〉의 발표로 인해 뉴턴은 드디어 이론가이자 실험가로서 독보적인 존재가 되었어요.

1706년 라틴 어 번역본이 나오자 〈광학〉은 유럽 전역으로 빠르게 퍼져 나갔어요. 뉴턴은 〈광학〉에서 프리즘을 이용한 실험 과정과 그 결과를 정교한 그림까지 곁들여가며 상세히 설명했어요. 당시에는 '실험을 통한 증명'이 매우 참신한 연구 방법이었기 때문에 〈광학〉은 새로운 실험 연구 안내서 역할도 톡톡히 했답니다.

〈광학〉은 단순히 빛의 성질에 대한 설명만을 담은 책은 아니었어요. 뉴턴은 자신의 책을 더욱 풍성하게 해 줄 여러 가지 아이디어를 끊임없이 추가했어요.

"빛이 우리 눈에 어떤 작용을 하는지도 담아야겠어. 신체 기관에 대해 다루는 김에 내용을 좀 더 확장하는 것도 좋겠군. 혈액의 순환이나 인체의 대사, 소화 작용 등도 함께 넣어야겠어. 연금술 내용을 직접 담을 수는 없겠지만, 물질의 생성과 소멸에 대한 내용을 다루는 것도 좋겠지. 그럼 이 책의 내용이 더욱 풍성해질 거야."

이외에도 뉴턴은 책 속에 더 많은 내용을 담고 싶었어요. 자신이 알고 있는 모든 지식을 집대성하고 싶다는 생각에서였지요. 그래서 뉴턴은 여기서 그치지 않고 전기학, 물리학뿐만 아니라 세계의 창조와 노아의 홍수 같은 내용까지 책에 포함시켰어요.

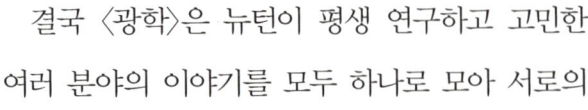

결국 〈광학〉은 뉴턴이 평생 연구하고 고민한 여러 분야의 이야기를 모두 하나로 모아 서로의 관계를 설명한 책이 되었어요. 마치 '세상의 모든 이야기'를 담고 있는 듯한 책이었지요. 〈광학〉을 출간한 이듬해, 뉴턴은 그간의 과학적 업적을 인정받아 과학자로서 최고의 영예를 안게 되었어요.

1705년 2월, 케임브리지의 한 건물에서 아이작 뉴턴은 여왕 앞에 무릎을 꿇었어요. 곧이어 왕실의 선언문이 낭독되었어요.

"아이작 뉴턴은 과학 분야에서 영국의 명예를 드높이는 업적을 쌓았다. 이에 영국 여왕의 이름으로 기사 작위를 수여한다."

선언문 낭독이 끝나자 여왕은 칼을 뽑았어요. 여왕은 칼날을 뉴턴의 어깨에 가볍게 얹으며 이렇게 말했어요.

"아이작 뉴턴 왕립학회 회장을 아이작 뉴턴 경으로 임명한다."

케임브리지 대학교의 수학과 석좌 교수를 역임하고 영국 왕립학회의 회장인 위대한 과학자 아이작 뉴턴이 최고의 영예인 기사 작위를 받는 순간이었어요. 뉴턴이 이처럼 과학사에서 가장 빛나는 자리를 차지할 수 있었던 건 그가 끊임없이 새로운 지식을 갈망했기 때문일 거예요.

사실 새로운 지식을 선뜻 받아들인다는 건 꽤 힘든 일이에요. 왜냐하면 새로움이란 계속해서 무언가를 바꿔야 하고 설득해야 하고 고쳐야 하

는 불편하고 외로운 길이기 때문이지요. 또 새로움을 받아들이기 위해서는 기존에 자신이 가지고 있는 선입견이나 고정관념과도 치열하게 싸워야 해요.

하지만 뉴턴은 결코 새로움을 두려워하지 않았어요. 오히려 뉴턴은 새로운 지식을 얻고 그것을 증명하기 위해서라면 자신의 몸을 돌보지 않고 끝까지 도전하고, 다가가고, 뛰어드는 무모함까지 가지고 있었어요. 또 기존에 널리 알려진 생각과 자신이 가지고 있을지도 모르는 선입견을 극복하기 위해 하나부터 열까지 꼼꼼하게 확인하는 습성도 있었어요. 이러한 열정과 연구 자세가 그를 위대한 과학자로 만든 거예요.

 〈광학〉을 소개합니다

〈광학〉은 제가 40년간 빛에 대해 연구한 결과를 모두 모은 논문집입니다. 빛의 반사, 굴절, 무지개의 색깔, 반사 망원경의 구조 등에 대한 것을 다루고 있습니다.

1704년 발표된 〈광학〉 표지

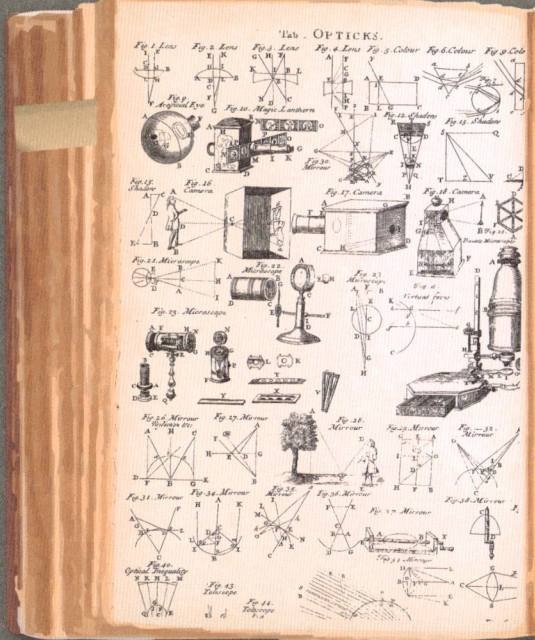

〈광학〉의 인기 비결

1. 영어로 쓰여 있다.
2. 수학적 증명보다는 실험 위주로 설명되어 있다.
3. 다양한 그림과 그래프를 담아서 이해하기가 쉽다.
4. 하나부터 열까지 뉴턴이 꼼꼼하게 확인해 정리되었다.

- 반대에도 불구하고
- 위조 화폐를 가려내다
- 범죄 수사관이 되다
- 왕립학회를 일으키다
- 자상한 거인, 잠들다

바른 인성

거인의 어깨 위에 올라서다 5

오늘날 뉴턴은 역사상 가장 뛰어난 천재 과학자 중 한 명으로 잘 알려져 있어요. 뉴턴이 위대한 업적을 세우는 데는 무한한 상상력과 창의력, 끊임없는 실험 정신 외에 그의 성격도 매우 중요한 역할을 했답니다. 그의 어떤 성격이 그를 위대한 과학자로 이끌었는지 살펴볼까요?

반대에도 불구하고

뉴턴은 과학과 행정 등 다양한 분야에서 성공을 거두며 승승장구한 것처럼 보이지만, 사실 여러 가지 시련과 반대도 함께 겪었어요. 대표적으로 빛에 대한 연구 결과를 발표했을 때 여러 사람과 심한 갈등을 겪은 일이 있었어요. 그 중심에는 평생의 맞수라고 할 수 있는 로버트 훅이 있었어요.

"뭐, 별로 대단한 발명품은 아니군요. 저는 이미 8년 전에 주머니에 넣고 다닐 수 있는 굴절 망원경을 만든 적이 있습니다. 그 망원경의 성능은 길이 15 m짜리 망원경보다 훨씬 우수하지요."

로버트 훅은 1671년 뉴턴의 반사 망원경이 처음 왕립학회에 소개되던 날에도 질투를 느껴서 이렇게 말했어요. 그 말을 들은 회원들은 그에게 이렇게 물었어요.

"그게 정말입니까? 그 망원경은 지금 어디 있나요?"

"런던이 페스트로 혼란스럽던 시기에 어디론가 사라져 버렸지요. 다시 만들 시간도 없었고 말이에요."

사실 훅도 뛰어난 업적을 많이 남긴 훌륭한 과학자였지만, 감정 기복이 심하고 자랑만 늘어놓는 성격 때문에 사람들에게 호감을 주지는 못했어요. 훅은 핑계와 허풍을 늘어놓을 때가 많았어요.

"도둑이 훔쳐갈 수도 있고, 동료나 조수가 내 발명을 모방할 수도 있으니 나는 내가 발명한 것들을 절대로 발표하지 않을 겁니다."

뉴턴의 반사 망원경이 처음 소개되었을 때 훅을 제외한 대부분의 왕립학회 회원들은 뉴턴의 발명품에 큰 관심을 보였어요. 하지만 뉴턴이 진짜로 이야기하고 싶었던 것은 따로 있었어요. 그건 바로 빛과 색에 대한 이론이었지요. 뉴턴은 왕립학회 회원들이 이러한 자신의 의도를 눈치채지 못하자 왕립학회 회장인 헨리 올덴버그에게 직접 편지를 보냈어요.

'망원경에 대해 많은 회원들이 찬사를 보냈다는 사실이 저를 매우 기쁘게 합니다. 전에 말씀드린 대로 '빛에 대해' 설명할 기회도 가졌으면 좋겠습니다.'

로버트 훅 (1635년~1703년)

로버트 훅은 왕립학회 최초로 실험 관리관을 지낸 과학자였어요. 그의 역할은 왕립학회에서 일주일에 서너 번 공개 실험을 하는 것이었어요. 또 런던의 날씨를 기록하는 일을 하면서 여러 가지 기상 관측 기기를 개발하기도 했어요. 현미경으로 관찰한 여러 물체의 구조를 소개한 〈마이크로그라피아〉에서 '세포'라는 말을 처음 사용한 사람이기도 해요. 이외에도 탄성력에 관한 '훅의 법칙'을 정리하기도 하는 등 당시 영국에서 가장 뛰어난 과학자 중 한 명이었어요.

이렇게 시작된 편지에는 뉴턴이 실험으로 알아낸 여러 가지 광학적 발견들을 차근차근 설명한 내용도 들어 있었어요. 이 편지에서 뉴턴은 고향 집에서 했던 프리즘 실험부터 무지개 색깔이 나타나는 이유까지 하나도 빼놓지 않고 설명했지요. 그리고는 이렇게 편지를 마무리했어요.

'왕립학회 회원 중 누구라도 관심이 있다면 제가 직접 실험을 보여줄 수 있으며, 그런 기회를 얻게 된다면 저에게는 무척 영광일 것입니다.'

뉴턴은 자신의 의도를 왕립학회에서 알아주기를 간절히 바랐어요. 다행히 올덴버그는 뉴턴의 논문을 학회 모임의 주제로 추천했어요. 학회에서 뉴턴의 편지를 큰 소리로 읽기까지 했지요. 올덴버그는 당시의 분위기를 뉴턴에게 전달했어요.

'당신의 편지를 읽는 동안 기침 한 번 하는 사람이 없었습니다. 회원들이 이렇게 한마음이 되어 귀를 기울이고 우레와 같은 박수를 보낸 것은 처음이었습니다.'

올덴버그는 여기서 한발 더 나아가 뉴턴의 논문을 〈생각의 교환〉에 싣는 데 힘을 쏟았어요.

뉴턴의 빛에 관한 새로운 이론은 반사 망원경과 마찬가지로 많은 사람으로부터 매우 뛰어난 연구라는 찬사를 받았어요. 하지만 이번에도 로버트 훅은 뉴턴의 논문을 비판하고 나섰어요. 뉴턴의 실험을 제대로 재현해 보지도 않고 말이에요.

훅은 뉴턴의 논문 내용 중 특히 빛의 입자설을 못마땅하게 생각했어요.

자신의 책 〈마이크로그라피아〉에서 빛의 본성을 파동이라고 주장했기 때문에 위기감을 느낀 훅은 공공연하게 뉴턴의 논문을 비판하고 다녔어요.

"저는 여전히 프리즘이 빛에 색을 더하는 장치라고 생각합니다. 마치 파이프 오르간이나 바이올린이 공기 중에 소리를 더하듯 말이죠. 이건 데카르트가 프리즘이 빛을 변형시키는 도구라고 주장한 것과 같지요. 또한 뉴턴 교수의 실험이 빛이 입자라는 것을 명확하게 증명하는 건 아닙니다. 오히려 저에겐 빛이 파동이라는 걸 증명하는 실험으로 보이는군요."

훅의 비판을 들은 뉴턴은 무척 화가 났어요.

"왕립학회의 실험 관리관이 어떻게 이런 말을 할 수 있지? 나의 연구를 누구보다 공정하게 검토해 주리라 기대했는데……. 정말 실망이군."

이후 뉴턴과 훅은 반론을 주고받으며 화해와 갈등을 반복하는 묘한 관계가 되었어요. 뉴턴은 훅에게 보낸 편지에 이런 말을 남기기도 했답니다.

> 데카르트는 훌륭한 한 걸음을 내디뎠습니다. 당신은 여러 가지 방법으로 데카르트의 연구를 발전시켰고, 특히 색에 대한 연구에서 많은 성과를 거두었지요. 만약 내가 당신보다 더 멀리 보았다면, 그것은 내가 거인들의 어깨 위에 있었기 때문입니다.

여기서 뉴턴이 말한 거인들이란 코페르니쿠스와 케플러, 갈릴레이 같은 선배 과학자들을 의미하는 것이었어요. 뉴턴은 이 말을 통해 자신의 연구가 더욱 깊은 역사적 정통성을 가지고 있다는 것을 슬며시 드러냈지요. 동시에 이러한 사람들이 없었다면 자신의 연구 결과도 나올 수 없었다는 겸손한 마음까지도 나타내고 있는 멋진 표현이었어요.

논쟁 중 여기저기서 뉴턴의 논문에 대한 반박이 제기되자 뉴턴은 지친 나머지 왕립학회를 탈퇴하겠다는 이야기까지 했어요. 올덴버그는 또다시 편지를 보내 뉴턴을 붙잡으려고 애썼어요.

'영국 왕립학회는 당신을 높이 평가하고 있으며 아끼고 있습니다. 그것을 확실히 알아주시길 바랍니다.'

이후 뉴턴은 왕립학회를 탈퇴하지는 않았지만 외부와 연락을 끊고 지냈답니다. 뉴턴의 논문에 반박하는 편지들은 더 이상 뉴턴에게 전달되지 않았어요.

하지만 논쟁은 좀처럼 수그러들지 않았어요. 그로부터 약 2년이 지난 1674년, 프랑스의 프란시스 홀은 영국 왕립학회에 편지를 보내 뉴턴의 프리즘 실험을 또다시 반박하고 나섰어요.

"뉴턴 교수의 논문을 보고 실험을 해 봤지만, 맑은 날에는 길쭉한 띠 모양의 스펙트럼을 볼 수 없었습니다. 아마도 뉴턴 교수가 흐린 날 실험을 해서 구름에 의해 길쭉한 스펙트럼이 생긴 것 같습니다."

올덴버그는 이번에는 어쩔 수 없이 뉴턴에게 홀의 편지를 전달했어요.

뉴턴은 훅의 의견을 무시했지만, 왕립학회 회장인 올덴버그로서는 이런 논쟁을 그냥 지켜보고 있을 수만은 없었어요. 그래서 왕립학회 모임에서 뉴턴의 실험을 재현해 보기로 결정했어요. 실험을 재현할 과학자는 다름 아닌 로버트 훅이었어요. 1676년 4월 실험 일정이 잡혔고, 다행히도 이날은 날씨가 좋았어요. 모두가 지켜보는 가운데 훅은 신중하게 실험을 재현했어요. 아마 훅 역시 매우 긴장되는 순간이었을 거예요. 실험 결과는 역시 뉴턴의 주장대로였어요. 올덴버그는 자랑스럽게 이야기했어요.

"이번 실험으로 결국 뉴턴 교수의 주장이 옳은 것으로 밝혀졌습니다. 여러분들 생각은 어떻습니까?"

"실험으로 증명된 것에 어떠한 이견도 없습니다."

"몇 년 동안의 해묵은 논쟁에 뉴턴 교수를 포함해 많은 사람이 상처를 받았습니다. 이참에 제대로 검증하지도 않고 반론을 제기한 사람들에게 엄중한 제재를 가해야 합니다."

실험을 지켜본 이들이 모두 한 마디씩 거들며 뉴턴을 지지했어요. 이처럼 뉴턴은 언제나 확실한 실험을 바탕으로 새로운 이론을 제시했지만, 다른 사람들을 설득하기가 쉽지만은 않았어요. 게다가 뉴턴은 한발 물러서서 타협하기보다는 자신의 실험을 믿고 끝까지 소신을 밀어붙이는 사람이었어요. 뉴턴은 자신과 학문적 견해가 다른 사람과 많은 갈등을 겪었지만 자신의 연구에 대해 자신감이 있었기 때문에 이러한 갈등도 마다치 않았어요. 다행히 뉴턴도 나이가 들면서 세상과 좀 더 사이좋게 지내는 방법을 알게 된 것 같아요.

빛은 입자일까, 파동일까?

빛이 입자인지 파동인지에 대한 논란은 고대 그리스 시대까지 거슬러 올라가요. 피타고라스는 빛이 입자라고 했고, 아리스토텔레스는 파동이라고 했어요. 17세기에 뉴턴은 빛이 프리즘을 통과해도 성질이 바뀌지 않으며, 파동처럼 모퉁이를 돌아갈 수 없다는 이유를 들어 입자라고 주장했어요. 로버트 보일 역시 빛의 입자설을 지지했지요.

반면, 비슷한 시기에 네덜란드의 과학자 크리스티안 하위헌스는 빛이 교차할 때 서로 부딪혀서 흐트러지지 않는다는 점을 들어 파동이라고 주장했답니다. 로버트 훅도 빛을 파동이라고 보았지요. 이후 여러 과학자들의 실험을 통해 빛은 파동이라는 이론이 더 우세해졌어요. 현대에 들어 우리 눈에 보이는 가시광선뿐만 아니라 적외선, 자외선, 전파 등이 모두 빛이라는 것이 밝혀지면서 빛의 파동설이 자리를 잡는 듯했어요.

그런데 아인슈타인이 금속에 빛을 쏘면 전자가 튀어나오는 현상을 설명하면서 빛이 입자라는 것을 증명하였고, 빛 알갱이를 '광자'라고 이름 붙이면서 빛의 입자설이 또다시 우세해졌어요. 빛의 입자설과 파동설은 오랜 시간 팽팽히 맞서면서 물리학의 발전을 이끌었답니다. 오늘날에는 빛은 파동의 성질을 갖지만, 원자처럼 작은 규모에서 에너지를 주고받을 때는 입자의 성질을 가진다고 설명해요. 이것을 '빛의 이중성'이라고 하지요.

위조 화폐를 가려내다

　〈프린키피아〉의 성공으로 뉴턴은 누구보다도 유명한 과학자가 되었어요. 뉴턴을 직접 만나고 싶어 하는 사람들의 연락이 끊이지 않았지만, 뉴턴은 예전과 똑같이 조용히 혼자서만 지냈어요. 하지만 1688년 명예혁명이 일어나면서 모든 것이 바뀌었어요. 케임브리지를 대표해 의회에 참석할 사람이 필요했던 거예요. 사람들은 당시 지성을 대표하는 인물로 존경받던 뉴턴을 의회로 불러오고 싶어 했고, 결국 뉴턴은 1689년 1월, 47세의 나이에 하원 의원으로 선출되었어요.

　뉴턴은 런던에서 하원의원으로 일하면서 특별한 업적을 세우지는 못했어요. 워낙 조용한 성격이었기 때문이에요. 기록에 의하면 의원 활동 중 뉴턴이 유일하게 한 말은 "바람이 들어오니 문을 좀 닫아 주게." 뿐이었다고 해요.

　뉴턴은 이 시기에 정치 철학자 존 로크, 의회 지도자 찰스 몬터규 등과 친분을 쌓았어요. 새로운 친구들은 뉴턴을 케임브리지 대학교 킹스 칼리지의 학장으로 추대하려고 했어요. 하지만 이 계획은 아쉽게도 무산되고 말았지요. 내심 기대를 했던 뉴턴은 깊은 실의에 빠진 나머지 친구들에게 편지를 보내 불편한 심기를 드러내기도 했어요.

　"이상한 싸움에 휩쓸려 고통을 겪고 있네. 이제 더 이상 당신들을 만나고 싶지 않네."

> 뉴스 속보

명예혁명이 일어나다!

1688년 영국 국왕 제임스 2세의 폭정에 견디다 못한 시민들이 혁명을 일으켰습니다. 다행히도 유혈 사태는 없었기 때문에 이 시민 혁명은 '명예혁명'이라 불리게 되었습니다.

1685년 왕위에 오른 제임스 2세는 가톨릭교를 부활시키고 강력한 *전제 정치를 펼쳤습니다. 이 과정에서 의회와 갈등을 빚으며 혁명의 도화선에 불을 붙이게 된 겁니다. 의회 대표들은 제임스 2세의 딸인 메리와 그녀의 남편이자 네덜란드 총독인 윌리엄 부처에게 군대를 파견해 달라고 요청했습니다. 귀족들도 메리와 윌리엄 부처 편에 서게 되자 제임스 2세는 프랑스로 도망가면서 혁명은 일단락되었습니다.

메리 2세

이후 영국 의회는 런던에 입성한 메리와 윌리엄에게 권리 장전을 제출해 승인을 요구했습니다. 권리 장전은 왕권을 제약하고 의회의 우위를 확인하는 내용을 담고 있습니다. 메리와 윌리엄 부처는 이를 승인한 다음 메리 2세, 윌리엄 3세로 공동 왕위에 올랐습니다. 명예혁명은 영국에서 의회 정치의 기반이 튼튼하게 다져지는 계기가 되었습니다.

윌리엄 3세

***전제 정치** 국가 권력을 개인이 장악해 민의나 법률에 제약을 받지 않고 실시하는 정치.

친구들은 뉴턴이 왜 이런 편지를 보냈는지 도무지 이해할 수 없어 당황했어요. 하지만 다행히도 뉴턴은 나중에 자신의 미숙함에 대해 친구들에게 용서를 구했어요.

"건강이 나빠진 데다 몇 주 동안 잠을 제대로 자지 못해 그런 실수를 저질렀던 것 같네. 용서해 주게."

이미 자연 철학자로서 이룰 수 있는 최고의 경지에 오른 뉴턴은 더 이상 무언가를 이룰 수 없을지도 모른다는 불안감 때문에 이런 행동을 했어요. 이 시기에 뉴턴은 하루빨리 케임브리지를 떠나고 싶어 했어요. 그만큼 불안감에 사로잡혀 있었던 거예요.

뉴턴이 마음의 갈피를 잡지 못하고 생활하던 1695년 어느 날이었어요. 런던으로부터 한 통의 편지가 날아들었어요.

> 아이작 뉴턴 교수님. 국가 중대사에 대해 귀하의 의견을 듣고 싶습니다. 지금 시중에 은화가 턱없이 부족해 크고 작은 문제가 발생하고 있습니다. 이 사태에 우리가 어떻게 대처해야겠습니까?

뉴턴은 국가 위기 사태에 도움을 줄 수 있는 인물로 선정되어 이러한 편지를 받은 거였어요. 당시 영국의 동전은 금이나 은으로 만들었답니다. 그

중에서 특히 많이 사용되는 화폐는 은화였지요. 그러다 보니 은화의 가장자리를 조금씩 깎아 모은 은을 팔아 돈을 챙기는 사람들이 꽤 많았어요. 또 은의 가치는 나라마다 달랐기 때문에 은을 더 비싸게 팔 수 있는 외국으로 은화를 빼돌리는 일도 많았어요. 결국 시중에 유통되는 은화는 부족해졌고, 사람들은 동전을 구할 수 없어 경제 활동을 제대로 할 수 없는 지경에 이르렀어요. 은화가 부족해지자 부족한 은화를 대신해 위조 화폐가 넘쳐나기도 했어요. 이 또한 큰 골칫거리였지요.

"왕실과 국가를 위해 무엇이라도 할 수 있다면, 그 또한 무척 보람된 일이겠지."

뉴턴은 편지를 읽고 난 후 먼저 이러한 문제가 일어나게 된 근본적인 원인을 곰곰이 생각해 봤어요.

"가장 큰 문제는 은의 가치가 나라마다 다르다는 거야."

생각이 여기에 이르자 그는 몇 가지 반짝이는 해결 방법이 떠올랐어요.

"이 문제를 해결하기 위해서는 은화에 사용된 은의 가치가 실제 화폐 가치보다 높아지는 일이 없도록 해야 해."

그는 은화에 들어가는 은의 양을 줄여야 한다고 생각했어요. 또한 위조 화폐를 근절하기 위해 화폐 개주를 시행해야 한다고 결론 내렸답니다. 화폐 개주란 오래된 동전들을 수거하여 위조 화폐를 가려내고, 새로운 화폐를 공급하는 사업이에요.

뉴턴은 자기 생각을 적어 런던으로 전달했어요.

> 제가 생각하기에 우선 은화에 들어가는 은의 양을 줄여야 할 것 같습니다. 그리고 화폐 개주 또한 이른 시일 내에 시행해야 합니다. 그러면 이 사태를 안정시킬 수 있을 겁니다.

후세 사람들의 평가에 따르면 이 두 가지 방법 중에서 더 효과적인 것은 은화에 들어가는 은의 양을 줄이는 것이었다고 해요. 하지만 아쉽게도 뉴턴의 의견 중 실제로 정책에 반영된 것은 화폐 개주 밖에 없었어요.

그 후 약 1년이 지났어요. 케임브리지를 떠나고 싶어 하던 뉴턴의 마음은 여전했지요. 이런 그를 도와준 사람은 의회에서 알게 된 친구 찰스 몬터규였어요. 찰스 몬터규는 당시 재무부 장관이었어요. 1696년 54세의 뉴턴은 몬터규의 도움으로 조폐국 감사 자리를 얻었어요. 뉴턴이 은화 부족 문제에 대해 의견을 낸 것도 조폐국 감사 자리를 얻는 데 어느 정도 영향을 미쳤을 거예요. 당시 조폐국의 우두머리는 국장, 감사, 감독관으로 구성되어 있었어요. 조폐국 감사는 조폐국의 시설을 책임지는 직책이었지요. 뉴턴은 기쁜 나머지 케임브리지에 자신의 물건 대부분을 그대로 두고 떠났답니다.

뉴턴은 조폐국에 들어가면서 동전 만드는 방법을 절대 발설하지 않겠다는 선서를 해야만 했어요.

"나는 누구에게도 화폐 개발에 대해 말하지 않을 것을 맹세합니다. 나는 화폐를 이용하여 위기를 조장하지 않겠습니다. 나는 직접적으로든 간접적으로든 절대 화폐를 위조하지 않겠습니다. 그러니 신이시여, 저를 굽어살펴 주소서."

조폐국은 런던탑에 있었는데, 이곳은 영국에서도 가장 경비가 삼엄한 곳이었어요. 또 이곳에는 화이트 타워라고 부르는 지하 감옥도 있었어요. 뉴턴의 집무실은 무척 작을 뿐 아니라 온종일 돈을 찍어 내는 소리가 들리는 곳이었어요. 게다가 당시에는 기계를 사람과 말의 힘으로 돌렸기 때문에 수많은 인부와 말들이 풍기는 고약한 냄새도 퍼져 있었어요. 뉴턴은 이런 열악한 환경에서도 자신이 맡은 일을 묵묵히 해 나갔어요.

조폐국에서는 위조 화폐를 방지하기 위해 새로운 기계로 화폐를 찍어 냈어요. 그리고 동전의 가장자리를 깎아 내는 것을 방지하기 위해 테두리에 톱니를 넣는 방법도 사용했어요.

하지만 이런 방법만으로는 넘쳐나던 위조 화폐를 완전히 근절할 수는 없었어요. 1695년부터 영국에서는 뉴턴의 의견을 반영해 야심 차게 화폐 개주를 실시했어요. 이는 무척이나 복잡하고, 어렵고, 또 오랜 시간이 걸리는 일이었지요. 화폐 개주는 원래 조폐국 국장의 임무였지만, 당시 국장이었던 토머스 닐은 게으름뱅이인 데다가 고위층에게 잘 보여서 그저 자리만 차지하고 있는 사람이었어요. 닐 국장은 뉴턴에게 화폐 개주에 대한 모든 책임과 권한을 떠넘기고 자기는 편하게 지내려고만 했지요. 뉴턴은 무능한 국장이 이런 중요한 일을 처리하는 것보다는 잘된 일이라고 생각하고 최선을 다해 임무를 수행했어요.

사실 당시 조폐국 감사는 출근만 하면 되는 쉬운 자리였어요. 하지만 뉴턴은 새로운 방식으로 일에 임했지요. 태만한 사람들을 보고 참지 못하는 데다가, 자신이 맡은 모든 일에 책임감을 가지고 성실하게 임하는 성격이었기 때문이었어요.

뉴턴은 조폐국에 부임한 지 얼마 지나지 않아 바로 새로운 화폐를 만드는 일에 착수했어요. 뉴턴은 화폐가 만들어지는 과정을 자세히 둘러본 뒤 작업 과정 중 효율적이지 못한 부분을 찾아냈어요. 뉴턴은 화폐 주조 과

정을 간소화했으며, 연금술 지식을 이용해 가장 좋은 품질의 화폐를 만들 수 있도록 도왔어요. 그 결과 1696년 6월에 총 4,706,003파운드의 동전이 새것으로 교체되었어요. 이는 3개월 전보다 무려 15배나 빨라진 거예요.

이렇게 뉴턴이 새로운 화폐를 만드는 일을 성공적으로 해낼 수 있었던 건 과학자로서의 체계적인 사고법을 업무에 적절히 활용했기 때문이에요. 당시 기록을 보면 뉴턴이 얼마나 꼼꼼하게 작업 계획을 세웠는지 잘 알 수 있답니다.

'제분기 2대와 제분업자 4명, 말 12필과 마부 2명, 재단사 3명, 가위 8개, 표백하는 사람 3명, 표시하는 사람 2명, 인쇄기 2대, 인쇄기사 14명이 하루에 3,000파운드의 화폐를 만들어야 한다.'

뉴턴은 조폐국에서 일하면서 계속해서 화폐 발행 기록을 경신해 나갔어요. 말 그대로 기록적인 생산량이었지요. 1699년 마침내 뉴턴은 화폐 개주라는 어려운 임무를 무사히 마쳤어요. 뉴턴의 지휘 아래 총 684만 719파운드에 달하는 영국 은화가 전부 새롭게 태어난 거예요. 이 동전들이 시민들에게 제공되자 경제 활동은 다시 정상으로 돌아갔고, 전장에 나가 있던 군대도 계속 유지될 수 있었어요. 그리고 당시 팽배했던 사람들의 불안감은 화폐 개주 완료와 함께 말끔히 사라졌답니다. 찰스 몬터규는 성공적으로 끝난 화폐 개주가 뉴턴의 덕이라며 이렇게 칭송했어요.

"아이작 뉴턴이 조폐국에 없었더라면 화폐 개주 사업은 실패로 돌아갔을 것이다."

범죄 수사관이 되다

"조폐국 내부에 위조 화폐 범죄에 관여하는 사람이 있는 것 같습니다. 동전의 주조 방식을 바꿔야 합니다."

당시 런던에서 가장 유명한 화폐 위조범이었던 윌리엄 챌로너는 마치 자신이 화폐 제조 전문가인 양 의회 위원회에 출두해 이런 말을 했어요.

빈민가 출신의 챌로너는 젊은 시절 옷감에 피막을 입히는 도금술을 배운 적이 있어요. 이 기술은 새로운 옷을 살 형편이 못 되는 사람들이 닳아 버린 옷을 대충 가리기 위한 것이었어요. 영특한 데다 손재주가 매우 뛰어났던 챌로너는 이 기술을 이용하면 큰돈을 만질 수 있을 거라는 걸 눈치챘어요. 도금술을 금속에 적용하면 위조 동전을 만들 수 있기 때문이었지요. 돈이 되는 일이라면 닥치는 대로 하던 챌로너는 곧 위조 동전을 만들어 부자 행세를 하고 다녔답니다.

화폐 위조범인 챌로너가 어째서 의회 위원회에서 이런 말을 한 걸까요? 그건 바로 의회에서 자신이 화폐 제조의 전문가인 것처럼 보여 조폐국에 한자리를 얻으려는 생각에서였어요. 위조 화폐를 시중에 원활하게 유통시키기 위해서는 조폐국 내부로 들어가는 게 오히려 더 안전할 거라는 계산이었지요.

조폐국에서도 이런 챌로너를 예의 주시하고 있었지만, 증거가 없어 잡아들이기는 어려웠어요. 또 어렵게 잡은 경우에도 의회 안에 챌로너를 지켜

주는 사람이 있었기 때문에 번번이 석방되곤 했지요. 이런 상황에서 챌로너가 조폐국을 조롱하는 말을 내뱉자 뉴턴은 격분하여 이렇게 말했어요.

"내가 반드시 너의 꼬리를 잡고 말 것이다!"

챌로너는 뉴턴을 비웃으며 이렇게 받아쳤어요.

"하하! 내가 무슨 잘못을 했다고 그런 말을 하는 거요? 증거라도 있소? 만에 하나 내가 범죄자라고 해도 당신 같은 늙은이가 나를 잡을 수 있을지는 의문이오."

"챌로너, 반드시 너를 교수대에 위에 올리겠다."

법망을 교묘히 빠져나가는 챌로너의 뻔뻔함에 격분한 뉴턴은 챌로너를 꼭 잡아넣겠다고 다짐했어요. 그는 증인과 증거를 찾기 위해 2년 동안 다양한 계층의 사람들을 만나며 동분서주했어요. 이 시기에 뉴턴이 만난 사람은 챌로너에게 도금술을 처음 알려 준 사람을 포함해 약 200명에 이를 정도였어요. 뉴턴은 이 사람들을 포섭하기 위해 직접 빈민가로 들어가 이런저런 이야기를 듣는가 하면, 그들에게 활동비를 지급하기도 했어요. 케임브리지에서 연구만 하던 뉴턴이 범죄 수사관이 된 거예요.

뉴턴은 꼼꼼하게 증인들의 신원을 확인하고, 시간 순서대로 챌로너의 위조 화폐 제작 과정을 복원했어요. 마치 실험을 통해 이론을 증명하듯 말이에요. 오래전부터 학문을 연구할 때 사용했던 방식을 범죄 수사에 그대로 적용한 거예요.

뉴턴은 일단 작은 죄목을 빌미로 챌로너를 체포했어요. 그리고 같은 감방에 있는 죄인 세 명을 포섭해 챌로너 곁에 붙여 두었지요. 뉴턴은 포섭한 죄인들을 비밀스럽게 불러 당부했어요.

"당신들은 챌로너 곁에 머물면서 챌로너의 범죄 행위를 자세하게 들어야 합니다. 그런 작자들은 조금만 치켜세워 주면 자신의 행위를 자랑스럽게 떠벌리게 되어 있어요. 결정적인 증거를 찾아오는 사람에게는 후한 보상을 하겠소."

뉴턴의 치밀한 계획을 몰랐던 챌로너는 친해진 동료 죄수들에게 자신의 범죄 행위를 하나도 빠짐없이 이야기했답니다. 스스로 자신의 범죄 행위를 털어놓은 거나 다름없었지요.

"그나저나 정말 당신이 위조 화폐를 만들었다는 거요? 전혀 그렇게 보이지 않는데?"

"무슨 소리! 작년에 런던에서 유통된 위조 동전의 절반 이상은 아마 내가 만든 걸 거요. 어쩌면 당신 주머니에 있던 동전도 내가 만든 걸지도 모르지."

"그게 정말이오? 하하! 내가 이 시대에 가장 뛰어난 장인을 여기서 만나게 될 줄이야! 정말 재주가 좋으시군요. 나한테만 살짝 그 비법을 알려줄 수는 없겠소?"

"거 참, 귀찮게 하시네. 여기서 나가게 되면 나를 한 번 찾아오시오."

동료 죄수들은 뉴턴의 조언대로 챌로너를 슬슬 부추기며 첩자 역할을 충실히 수행했어요.

"내 반드시 찾아가겠소. 보상은 섭섭지 않게 하리다. 선생같이 재주가 좋은 분이라면 남은 재산을 모조리 투자할 가치가 있지."

"흠, 그렇게 하시오. 내 위조 기술은 아무도 못 따라오지. 나는 이미 10년 전부터 위조 동전을 만들어 왔으니까 말이야. 하하하."

드디어 재판이 열리는 날이 다가왔어요. 자신만만하게 법정에 들어선 챌로너는 소스라치게 놀랐어요. 자신이 자랑스럽게 무용담을 늘어놓았던 사람들이 증인으로 등장한 거예요!

"아, 아니. 당신들이 왜 여기에!"

챌로너는 증인과 뉴턴을 번갈아 쳐다보며 소리를 고래고래 질렀지만 속수무책이었어요. 그는 돌이킬 수 없는 강을 건넌 거예요. 마침내 판사의 판결이 떨어졌어요.

"윌리엄 챌로너, 사형."

챌로너는 유죄를 선고받고 뉴턴의 말대로 교수대에서 처형을 당했답니다. 죗값을 톡톡히 치른 거지요.

뉴턴은 조폐국에서 화폐 위조범을 잡고 동전 제조 기록을 세우는 등 많은 공을 세웠어요. 1699년 토머스 닐이 세상을 떠나자 뉴턴은 새 국장으로 임명되었어요. 그의 업적으로 볼 때 너무나도 당연한 일이었지요. 조폐국 국장으로 일하면서 안정적인 수입을 얻게 된 뉴턴은 1701년 케임브리지 대학교수직을 사임하고 젊은 수학자인 윌리엄 위스턴에게 그 자리를 물려주었어요.

같은 해에 뉴턴은 다시 한번 케임브리지를 대표해 의회 의원으로 선출되었어요. 하지만 이번에도 의회에서는 별다른 업적을 세우진 못했어요. 1702년 앤 공주가 여왕이 되었을 때 그는 의원으로 계속 활동하겠냐는 제안을 받았지만 정중하게 거절했어요.

"저는 의회에서 충분히 일했습니다. 이제 다른 분에게 기회를 주는 것이 좋겠습니다."

뉴턴은 조폐국 국장과 의회 활동을 통해 행정가와 정치인으로서 이름을 알렸지만, 의회 자리를 거절하면서 정치인으로서의 생활을 정리했어요.

그리고 뉴턴은 다시 과학 분야로 눈을 돌렸어요. 뉴턴의 능력을 절실히 필요로 하는 곳이 있었거든요. 그곳은 바로 왕립학회였어요.

왕립학회를 일으키다

1703년부터 뉴턴은 여러 가지 어려움을 겪고 있던 왕립학회에 적극적으로 참여하기 시작했어요. 그리고 같은 해 9월, 61세의 뉴턴은 왕립학회 회장으로 선출되었어요.

회장이 된 뉴턴은 왕립학회의 사정을 자세히 파악하고는 무척 당황스러웠어요. 예상보다 상황이 훨씬 나빴기 때문이에요. 1680년에 200명에 달하던 회원 수는 이제 100여 명에 지나지 않았고 그나마도 대부분 의사였어요. 그들은 의약품 실험을 하거나 아르마딜로 같은 신기한 동물의 표본에만 관심을 가졌을 뿐 과학에는 무관심했어요. 당시 왕립학회에서 발표된 내용은 주로 이런 것들뿐이었어요.

"소의 오줌을 1파인트만큼 먹으면 몸속의 더러움이 제거된다. 그리고 소의 오줌을 토해내면서 몸이 편안해진다."

"꽃의 향기는 아침에 맡을 때 좋다."

과거 우주의 법칙을 찾던 때와는 왕립학회의 분위기가 완전히 달라진 거예요. 뉴턴은 왕립학회가 본래의 목적으로 돌아가야 한다고 주장하며 왕립학회를 다시 일으켜 세우기로 결심했어요.

"진정으로 과학을 발전시키려면 자연의 움직임과 그것의 법칙을 발견하고, 발견한 내용으로부터 일반적인 규칙을 찾아야 합니다. 그리고 이렇게 찾은 규칙을 관찰과 실험으로 증명하며, 최종적으로 현상의 원인과 결과를 밝혀야 합니다. 이것이 바로 과학자의 자세이고, 왕립학회가 나아갈 방향입니다."

이러한 임무를 수행하기 위해 뉴턴은 역학과 수학, 광학, 천문학, 동물학, 화학, 식물학 분야에 해설자라는 자리를 만들어 각 모임을 주재하게 했어요. 정기적으로 모일 장소를 마련하기 위해 회비를 걷기도 했지요. 또 이제부터 왕립학회 회원이 되려면 매주 정기적으로 모임에 참석하겠다는 서명을 하고 입회비도 내야 했어요.

그러자 당연히 불평과 불만이 뒤따랐어요.

"아니 갑자기 회비는 왜 걷는 건지……."

"그러게 말이에요. 뭔가 다른 꿍꿍이가 있는 것 아닐까요?"

"왕립학회를 이렇게 운영하다간 회원이 한 명도 남아나질 않을 겁니다!"

하지만 이런 반발에도 불구하고 뉴턴은 자기 생각을 믿었고 착실하게 계획을 진행했어요. 1710년에는 크리스토퍼 렌의 도움을 받아 크레인 코트 지역에 왕립학회의 새 보금자리도 마련했어요. 뉴턴의 지도력과 추진력으로 왕립학회는 튼튼한 재정을 가진 단체로 거듭날 수 있었어요. 뉴턴의 에너지와 성실성이 왕립학회의 체질을 완전히 바꾼 거예요.

뉴턴은 이 외에도 여러 가지 규칙을 만들어 왕립학회를 강력하게 이끌어 나갔어요. 훗날 뉴턴의 회고록을 작성한 윌리엄 스터클리는 왕립학회의 변화를 이끈 뉴턴에게 이런 찬사를 보내기도 했어요.

"뉴턴 회장은 탁월한 분별력과 당당함을 갖춘 분이었습니다. 자연에 대한 지식을 알아가기 위해 용기 있게 일을 진행했지요. 왕립학회의 분위기는 정숙해졌고 모든 회원이 성실하게 맡은 바 임무를 수행하게 되었습니다. 뉴턴 회장은 학회 회원들에게 경이로운 존재, 그 자체였습니다."

1702년 무렵의 아이작 뉴턴

뉴턴은 회장으로 있던 20여 년 동안 단 세 번을 제외하고는 모든 모임에 참석했어요. 또 자신이 읽은 모든 논문에 조언을 해 줄 정도로 회장직을 성실히 수행했답니다.

자상한 거인, 잠들다

말년에 접어든 뉴턴은 조폐국 국장과 왕립학회 회장의 임무를 성실히 수행하며 평화로운 나날을 보내고 있었어요. 이 무렵의 뉴턴은 젊은 시절의 고독하고 날카로운 이미지와는 많이 달라져 있었어요. 이제 그에게는 업적을 남겨야 한다는 조바심도, 비판에 대한 두려움도 없었어요. 주위 사람들은 당시의 뉴턴에 대해 새로운 평가를 내렸어요.

"뉴턴은 대체로 만족하며 생활했어요. 지식을 두고 벌이는 투쟁을 그만두고 유순한 성격으로 변했지요."

뉴턴은 어머니에게 물려받은 유산도 있었고, 케임브리지 대학교의 교수와 조폐국 국장으로 일하면서 받은 급여도 넉넉했기 때문에 매우 부유했어요. 하지만 동시에 절제하며 살았지요. 뉴턴은 아침으로 버터를 바른 빵을 먹었고, 포도주는 보통 저녁에만 마셨어요.

뉴턴은 어린 시절 사이가 좋지 않았던 이복형제들과 관계도 회복했어요. 그리고 그들이 낳은 조카들에게 무한한 사랑을 베풀었어요. 가족들에게 자신의 재산을 아낌없이 나누어 주었을 뿐만 아니라, 그들이 잘 성장할 수 있도록 도왔어요. 조카 로버트가 사고로 죽는 안타까운 일이 생기자 그는 혼자된 조카며느리와 그 아이들을 위해 4,000파운드를 들여 토지를 사 주기도 했어요. 뉴턴은 가까운 친척뿐만 아니라 아주 먼 친척으로부터도 도움을 요청하는 편지를 많이 받았어요.

"죄송하지만 어느 정도 재정 지원을 부탁드려도 될까요? 이번 한 번만 도와주시면 최선을 다해 열심히 살아 볼게요."

"존경하는 아이작 아저씨, 편지로 이런 부탁을 드리는 건 염치없는 일인 줄 알지만, 아저씨는 너그러운 분이니 이해하시리라 믿습니다. 조금만 도와

주세요. 꼭 부탁드려요."

뉴턴은 이들 모두에게 아낌없는 지원을 해 주었답니다. 또 뉴턴은 친척들의 결혼식에도 꼬박꼬박 참석해 신부에게는 100파운드를, 신랑에게는 사업 자금을 대 주기도 했어요.

뉴턴은 친척 중에서도 이복 여동생 한나 스미스의 딸인 조카 캐서린 바튼을 특히 예뻐했어요. 캐서린은 1696년 무렵부터 뉴턴과 함께 런던에 살면서 집안일을 총괄했어요. 캐서린은 사랑스러울 뿐만 아니라 똑똑하기도 해서 주위의 모든 사람들에게 호감을 샀어요. 뉴턴 집에서 파티가 열릴 때면 종종 고백을 받기도 했답니다.

"당신은 정말 아름답고 성격도 밝군요. 세련되고 교양 있는 태도에 정말이지 반하지 않을 수 없습니다."

그즈음 영국 남부 햄프셔 지방 출신의 존 콘듀이트가 뉴턴의 집에 자주 드나들었어요. 뉴턴은 캐서린에게 콘듀이트를 소개했어요.

"캐서린, 이쪽은 존 콘듀이트 군이야. 자랑스러운 대영제국 군대의 장교로 복무하고 있지."

"반갑습니다. 캐서린 양. 저는 왕립학회 모임에서 처음 뉴턴 선생님을 뵈었답니다. 제가 정말 존경하는 분이지요."

"삼촌은 정말 좋은 분이세요. 삼촌을 존경하신다니 자주 집에 들러주세요."

캐서린도 콘듀이트를 환영해 주었어요. 그 이후 콘듀이트는 뉴턴의 집에 자주 방문하며 친분을 쌓았지요. 그러던 어느 날, 콘튜이트는 뉴턴에게 한 가지 요청을 했어요.

"선생님의 전기를 쓰고 싶습니다. 함께 나눈 대화를 모두 기록해 두어도 될까요?"

"물론이네. 자네처럼 훌륭한 청년이 내 전기를 써 준다면 나야말로 영광이네."

"감사합니다. 여기저기 흩어져 있는 선생님의 기록물도 본격적으로 수집할 생각입니다."

"고맙네. 꽤나 힘든 일이 되겠군. 내 도움이 필요하면 언제든지 이야기하게."

콘듀이트는 다짐한 대로 성실히 뉴턴의 기록들을 수집해 나갔어요. 이 기록들은 오늘날 뉴턴의 삶을 이해하는 데 매우 중요한 자료가 되었답니다.

콘듀이트가 뉴턴의 집을 자주 방문한 데에는 또 다른 이유가 있었어요. 콘듀이트 역시 뉴턴의 집에 드나드는 다른 청년들과 마찬가지로 캐서린의 아름다움에 반했던 거예요. 둘은 만난 지 몇 주 만에 결혼까지 하게 되었어요. 캐서린이 임신을 하자 뉴턴에게 불편을 끼치지 않으려고 둘은 따로 이사를 나갔어요. 하지만 이들은 뉴턴의 말년 내내 살뜰히 뉴턴을 돌보았답니다.

뉴턴은 조카사위의 능력을 매우 높이 샀어요. 조폐국 국장 자리를 떠나면서 후임으로 존 콘듀이트를 추천했고, 그는 뉴턴의 뒤를 이어 조폐국 국장이 되었답니다.

　시간은 쏜살같이 흘렀어요. 세상의 진리를 밝혀내기 위해 평생을 고독하게 싸워 온 위대한 과학자 뉴턴도 세월은 이길 수 없었어요. 80세 생일을 앞둔 1722년 어느 날이었어요. 뉴턴은 통풍과 심각한 호흡기 질환으로 건강이 점점 나빠지기 시작했어요. 건강을 돌봐야 할 필요를 느낀 뉴턴은 1725년 런던 근교의 켄싱턴으로 거처를 옮겼어요. 켄싱턴은 런던 시내보다는 공기가 훨씬 맑고 환경이 깨끗한 곳이었어요. 하지만 뉴턴은 죽음이 가까워졌음을 느꼈어요. 그는 삶을 돌아보면서 이런 글을 남겼어요.

세상이 나를 어떤 존재라고 생각하는지는 잘 모르겠지만, 나는 나 자신을 바닷가에서 노는 소년이라고 생각했다. 내 앞에는 진리라는 광대한 바다가 미지의 상태로 펼쳐져 있었고, 나는 그저 가끔 눈길을 돌려 다른 것들보다 더 매끄러운 조약돌이나 더 예쁜 조개껍데기를 찾고 즐거워했을 뿐이다.

1727년 3월 20일, 뉴턴은 85세의 나이로 위대한 삶을 마감했어요. 그의 장례는 영국의 심장으로 불리는 웨스트민스터 사원에서 거행되었고, 영국의 국왕과 위인들 곁에서 영원히 잠들었답니다.

뉴턴은 선배 과학자들이 거인의 역할을 해 주었기 때문에 자신은 편안하게 그 위에서 연구를 발전시킬 수 있었다고 말하며 자신을 낮추있어요. 하지만 사실 뉴턴이야말로 자연 과학이라는 분야에서 단연코 돋보이는 '거인'이라고 할 수 있어요. 뉴턴의 무한한 상상력과 지질 줄 모르는 실험 정신, 진리를 향한 끊임없는 노력이 있었기에 오늘날 우리는 뉴턴이라는 거인의 어깨 위에서 '진리라는 광대한 바다'를 더 멀리 바라볼 수 있게 된 거예요.

웨스트민스터 사원에 있는 뉴턴의 묘

에필로그1

뉴턴의 이론이 과학에 미친 영향

코페르니쿠스가 절대적인 것으로 여겨졌던 아리스토텔레스의 자연 체계에 반기를 들고 지동설을 주장하면서부터 근대 과학을 이끄는 과학 혁명이 시작되었다고 볼 수 있어요. 이후 케플러, 갈릴레이 등 여러 과학자는 실험과 수학적 증명을 통해 아리스토텔레스의 세계관을 넘어서기 위해 노력했지요. 그리고 뉴턴에 이르러 근대 과학은 꽃이 피게 되었답니다.

뉴턴은 과학자들이 연구하는 방법에도 많은 영향을 끼쳤어요. 고대의 자연 철학자들이 사색과 직관을 통해 결론을 내리고 주장을 펼친 것과는 달리, **뉴턴은 정확한 수학적 증명과 정밀한 실험을 통해 모든 현상을 설명했어요.** 한 치의 빈틈도 없는 치밀한 수학적 증명으로 탄생한 결과물이 바로 〈프린키피아〉였고, 수백 가지 정교한 실험을 통해 탄생한 것이 〈광학〉이었지요.

뉴턴의 이론은 뉴턴이 죽은 후에 더 많은 결실을 얻은, 그야말로 '살아 있는 과학'이라고 할 수 있어요. 대표적인 예로 천왕성과 해왕성의 발견을 들 수 있지요. 이 발견은 뉴턴이 달의 섭동 현상에 관심을 가지면서 시작되었어요. 달의 섭동 현상은 달의 궤도가 불규칙하게 변하는 것을 말하는데, 뉴턴은 지구 외에도 태양이 달의 움직임에 영향을 준다고 확신했어요. 태양과 지구, 달 세 천체 사이에 작용하는 만유인력으로 달의 섭동 현상을 설명할 수 있을 거라고 생각한 거예요.

뉴턴의 이러한 시도는 1781년 영국의 천문학자 윌리엄 허셜의 **천왕성** 발견으로 이어졌어요. 천왕성의 궤도는 마치 만유인력의 법칙을 따르지 않는 것처럼 보였어요. 여러 천문학자가 이 문제를 연구한 결과, '만유인력의 법칙이 틀리지 않았다면 천왕성에 영향을 주는 또 다른

천체가 있을 것이다.'라는 결론을 내렸어요. 영국의 존 애덤스와 프랑스의 위르뱅 르베리에는 이 문제에 매달렸고, 1846년 마침내 새로운 행성인 해왕성을 발견했어요. 해왕성 발견의 공로는 두 과학자에게 함께 돌아갔지만, 이는 뉴턴의 이론이 있었기에 가능한 일이었답니다.

현대 과학에 이르러서도 뉴턴의 과학은 여전히 살아남았답니다. 19세기가 끝날 때까지만 해도 사람들은 뉴턴의 이론이 물체의 운동을 설명하는 최종 이론이라고 생각했지만, 20세기에 접어들면서 이러한 생각은 바뀌게 되었어요. 아인슈타인의 '상대성 이론'과 '양자 역학'이 등장한 거예요.

상대성 이론의 등장으로 뉴턴의 법칙은 수정되어야 했지만, 가속도가 힘에 비례한다는 기본 법칙은 그대로 유지되었어요. 또한 중력이 약한 상황에서는 만유인력의 법칙이 그대로 성립된다는 것도 밝혀졌지요. 즉, 상대성 이론은 뉴턴의 이론을 개선해 더욱 수준 높은 내용으로 확장시킨 거라고 할 수 있어요.

한편, 20세기 초 과학자들은 원자 수준에서 일어나는 여러 가지 현상을 뉴턴의 이론으로 해석해 보려 했지만 실패했어요. 이에 슈뢰딩거는 원자와 같이 매우 작은 입자에 적용할 수 있는 '슈뢰딩거 방정식'을 만들었어요. 마침내 뉴턴의 운동 법칙에 한계가 찾아온 듯 보였어요. 하지만 양자 역학을 이용해 일반적인 물체의 운동을 설명하려는 시도가 있었고, 이 시도를 통해 일반적인 물체에 적용한 슈뢰딩거 방정식은 결국 뉴턴의 가속도 법칙과 거의 같다는 것이 밝혀졌어요.

뉴턴의 이론은 원자와 같이 매우 작은 입자를 다루는 경우나 물체의 속도가 빛의 속도에 가까워지는 경우, 또 매우 강한 중력이 작용하는 경우를 제외하고는 오늘날에도 여전히 사용되고 있는 중요한 법칙이랍니다.

에필로그2 뉴턴을 말하다

"뉴턴은 성실한 천재"

험프리 뉴턴

조수였던 나보다 뉴턴 교수님을 가까이에서 관찰 수 있었던 사람은 아마 없었을 거예요. 나는 아이작 교수님이 여가를 즐기거나 취미 활동을 하는 것을 단 한 번도 본 적이 없습니다. 교수님은 말을 타고 바람을 쐬러 나가는 일도 없었고, 공굴리기나 그 밖의 어떤 운동도 하지 않았어요. 연구 외의 시간은 모두 낭비라고 생각하셨지요. 심지어 먹고 자는 데에 쓰는 시간도 아깝다고 말씀하셨어요.

기욤 드 로피탈

"우리와 같은 사람인가?"

나는 프랑스의 수학자로 뉴턴의 유율법을 더욱 발전시킨 사람이에요. 〈프린키피아〉를 읽은 뒤 뉴턴의 천재성에 매우 감탄해, 뉴턴을 아는 사람을 수소문해서 여러 가지 질문을 던졌어요.
"아이작 뉴턴 교수에 대해 낱낱이 알려주게. 머리카락, 눈동자 색깔까지 하나도 빠짐없이!"
〈프린키피아〉는 보통 사람이라면 절대 완성할 수 없었을 거예요. 어찌나 놀라웠던지 이런 질문을 하기도 했답니다.
"그 사람 정말 먹고 마시고 자기는 하나? 아니, 우리와 비슷하기는 하던가?"

"신이 우리에게 보낸 사람"

알렉산더 포프

영국 고전주의의 대표 시인인 나는 뉴턴이 죽은 지 3년 뒤 시를 지어 뉴턴을 칭송했어요.
"자연과 그 법칙은 모두 어둠 속에 묻혀 있었다. 그때, 신께서 '뉴턴이 있으라!'고 말씀하였다. 그러자 모든 것이 밝아졌다."
이것은 창세기 1장 3절에 나오는 '빛이 있으라.'라는 대목을 응용한 거예요. 새로운 자연법칙을 밝힌 뉴턴의 업적이 마치 신이 세계를 창조한 것과 같다는 의미로 이렇게 표현한 거예요. 이는 내가 할 수 있는 최고의 찬사라고 할 수 있어요.

"자연을 힘들이지 않고 읽는 아이"

알버트 아인슈타인

상대성 이론으로 유명한 나는 뉴턴 이후 최고의 과학자로 일컬어져요. 뉴턴과 나는 물체의 운동과 빛의 정체에 대한 연구했고, 모든 힘을 통합하려는 '통일장 이론'에 힘을 쏟았다는 공통점이 있어요. 뉴턴이 근대 과학의 혁명을 불러일으켰다면, 나는 뉴턴의 물리 법칙을 한 걸음 더 확장시켰다고 할 수 있지요. 아마도 나는 뉴턴을 가장 잘 이해한 사람 중 한 명일 거예요.
뉴턴은 과학을 좋아했던 행복한 아이같은 사람이었을 거예요. 자연을 펼쳐진 책처럼 받아들이고 그것을 힘들이지 않고 읽을 수 있는 아이처럼 말이죠.

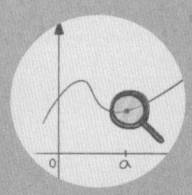

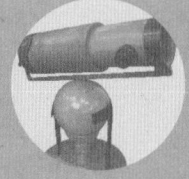
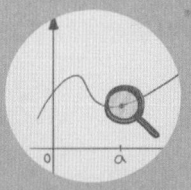

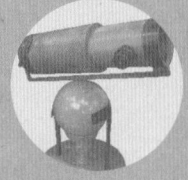
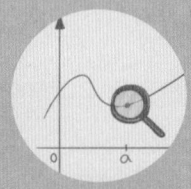